Voll gut drauf
Schön und selbstbewusst im Handumdrehen

h, geboren 1964, studierte Politikwissenschaf-
stik in Passau. Nach ihrem Studium arbeitete
als Redakteurin für eine große Jugendzeit-
e freie Autorin von Jugendsachbüchern und
großen Mädchenzeitschrift.

KARIN KAMPWERTH

VOLL GUT DRAUF

SCHÖN UND SELBSTBEWUSST IM HANDUMDREHEN

MIT ILLUSTRATIONEN VON ALEXANDER WEILER

CARLSEN

Außerdem in der Reihe »Heiße Tipps & coole Tricks«
im Carlsen Verlag lieferbar:

Flirten. Bis die Funken fliegen
Schnapp ihn dir! So fängst du dir deinen Traumprinzen
Klassenbeste(r) in 4 Wochen. Viel Erfolg mit wenig Aufwand

FSC

Mix
Produktgruppe aus vorbildlich
bewirtschafteten Wäldern und
anderen kontrollierten Herkünften

Zert.-Nr. SGS-COC-1940
www.fsc.org
© 1996 Forest Stewardship Council

Veröffentlicht im Carlsen Verlag
Januar 2010
Mit freundlicher Genehmigung des Thienemann Verlages
Copyright © 2004 by Thienemann Verlag
(Thienemann Verlag GmbH), Stuttgart / Wien
Umschlagfoto: istockphoto.com / pixhook
Umschlaggestaltung: formlabor
Corporate Design Taschenbuch: Dörte Dosse
Gesetzt aus der Excelsior
Druck und Bindung: GGP Media GmbH, Pößneck
ISBN 978-3-551-35707-6
Printed in Germany

Alle Bücher im Internet: www.carlsen.de

INHALT

IN JEDEM STECKT EIN SIEGER

So richtig gut drauf sein, jede Menge Spaß mit den Freunden haben, keinen Stress zu Hause und in der Schule klappt es auch ganz prima. – Wow, solche Power-Menschen, denen einfach alles im Handumdrehen gelingt und die dabei auch rein optisch noch super rüberkommen, sind einfach beneidenswert.

Aber wer behauptet eigentlich, dass du nicht zu diesen Überfliegern gehörst, die mit ihrer intelligenten Art, ihrem Charme und ihrem Durchsetzungsvermögen immer wieder begeistern? All diese Qualitäten, die du vielleicht an anderen bewunderst, stecken auch in dir selbst. Manchmal fehlt nur der entsprechende positive Kick, der deiner Personality auf die Sprünge hilft.

Und was dein Aussehen betrifft, gibt es wirklich keinen Grund, warum du dich verstecken müsstest. Weder ein paar Pickel noch eine nicht ganz perfekte Figur machen einen gleich zur grauen Maus. Wichtig ist einzig und allein, dass du dich wohl in deiner Haut fühlst. Wer mit sich selbst im Einklang ist und deshalb nicht sofort in eine tiefe Krise stürzt, weil ein paar Gramm mehr auf den Hüften sitzen oder die Nase nicht ganz dem Ideal entspricht, strahlt das auch nach außen aus. Ganz einfach, weil andere sofort checken, dass da jemand ist, der sich mag. Allein das macht dich schon attraktiv. Und da du nicht ständig mit dir und deinen so genannten Schwächen beschäftigt bist, kannst du dich auf dein Gegenüber einlassen: Du hörst zu, ohne das Gespräch immer auf dich zu lenken, du bist Ratgeberin, ohne nur deine eigenen Interessen zu verfolgen, du pflegst deinen Body, ohne ständig im Wettkampf mit vermeintlich schöneren Mädchen zu stehen.

Dass ein gutes Ich-Gefühl wichtig für den Erfolg ist, haben Manager, Models und Schauspieler schon lange erkannt. Sie beschäftigen Personality-Trainer, die nichts anderes tun, als ihre Auftraggeber ins rechte Licht zu rücken. Aber auch du kannst deine persönliche Erfolgsstory schreiben: Dieses Buch verrät dir eine wirkungsvolle Strategie, wie du zu einer tollen Ausstrahlung und einem positiven Selbstwertgefühl kommst.

SICH RICHTIG WOHL FÜHLEN

So klappt's!

Selbstzweifel können ganz schön nerven. Dann hältst du den Spiegel für deinen größten Feind oder bist davon überzeugt, nicht mehr richtig bis drei zählen zu können. Damit du wieder besser drauf bist, solltest du diesen fiesen Quälgeistern schleunigst den Laufpass geben.

WENN DER ZWEIFEL NAGT

Hilfe! Ich bin schüchtern! Ich bin zu dick! Ich hab Pickel! Ich bringe nie einen Ton raus, wenn mein Schwarm mir gegenübersteht! Und überhaupt: Keiner mag mich! – Wenn Mädchen und Jungs erwachsen werden, unterschätzen sie ihre persönlichen Stärken und plagen sich mit Selbstzweifeln.

Wer sich mit seinem Kummer an Eltern oder andere Erwachsene, denen man vertraut, wendet, hört häufig Sprüche wie »Das geht vorbei« oder »Das gehört zur Pubertät dazu«. Dieses Buch räumt auf mit solchen Weisheiten, die gar keine sind. Richtig ist zwar, dass der Weg vom Kind zum Jugendlichen damit verbunden ist, nach seinem eigenen Ich zu suchen. Dabei muss sich jedoch niemand verirren und an sich selbst verzweifeln, denn gesunde Ego-Power kannst du ganz leicht erlernen. Hier findest du die besten Tipps und Tricks, damit du dich so richtig wohl in deiner Haut fühlst.

Perfekt unperfekt

Vielleicht ist dir das ja auch schon einmal passiert und du hast ein Mädchen, auf das Jungs abfahren, weil sie traumhaft schöne Haare oder eine super Figur hat, beneidet, weil sie in deinen Augen perfekt ist. Oder du bewunderst einen Jungen, weil er supercool, schlagfertig und der unangefochtene Cliquenleader ist.

Ein gesundes Selbstwertgefühl und die Kunst, sich in seiner Haut wohl zu fühlen, hat allerdings nichts mit der äußeren Fassade oder der Fähigkeit zu lockeren Sprüchen zu tun. Es geht nicht darum, eine perfekt inszenierte Show anderen gegenüber abzuziehen oder einfach nur gut auszusehen, sondern um ein echtes Komplettprogramm. Zu dem großen Puzzle, aus dem sich die Persönlichkeit zusammensetzt, gehört auch das Selbstbewusstsein dazu. Dahinter wiederum verbirgt sich nichts anderes als die Summe der Gefühle, die du für dich selbst übrig hast.

Psychologen drücken das mit einer einfachen Gleichung aus, die du auf der nächsten Seite findest.

SELBSTSICHERHEIT
+ SELBSTVERTRAUEN
+ AUSSTRAHLUNG

= SELBSTBEWUSSTSEIN

Hinter gesundem Selbstbewusstsein steckt also die Fähigkeit, sich gut zu fühlen, und das gleichzeitig nach außen hin zu zeigen. Dabei gilt es, ein Kunststück zu bewältigen, das einem Balanceakt auf einem Zirkusseil gleicht.

Wir müssen nämlich auch zu den Dingen an uns stehen, die nicht hundertprozentig in die Skala von Schönheitsidealen oder bewundernswerten Charaktereigenschaften passen. Superwichtig deshalb: nicht nur auf die eigenen Stärken setzen, sondern sich auch mit vermeintlichen Schwächen auseinander setzen und sie ruhig mal zugeben. Vor sich selbst – und auch vor anderen. Denn wer sich eingesteht, auf dem einen oder anderen Gebiet nicht topfit zu sein, schafft die besten Voraussetzungen dafür, angebliche Unzulänglichkeiten zu überwinden. Außerdem wird er von anderen als mutig und vor allem liebenswert empfunden. Wie du deinem Selbstbewusstsein in verschiedenen Lebenslagen auf die Sprünge helfen kannst, zeigt dir unser kleiner Schnelldurchlauf für selbstsicheres Auftreten.

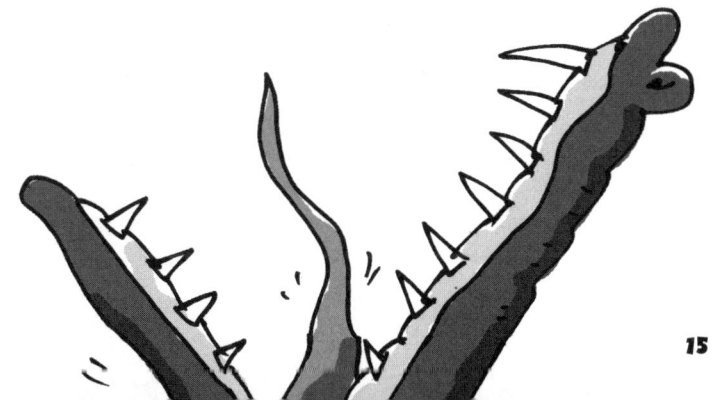

Crashkurs für mehr Courage

Den Schwarm lässig ansprechen.
Schön wär's, denn nichts ist schwieriger, als beim Flirt mit dem Traumjungen den ersten Schritt zu wagen. Deshalb beschweren sich Jugendliche am häufigsten über mangelndes Selbstbewusstsein, wenn sie sich einfach nicht überwinden können, den Auserwählten ganz locker mit einem netten Spruch anzuquatschen. Kein Wunder, schließlich ist es eine Glanzleistung, einem anderen gegenüber seine tiefsten Gefühle einzugestehen.

SO FUNKTIONIERT'S:

Such dir ein »Übungsexemplar«, indem du dir einen Jungen schnappst, den du zwar nett findest, aber definitiv nicht zu deiner großen Liebe erklären würdest. Ein »Hast du Lust, mit mir ins Kino zu gehen?« oder ein »Wollen wir nach der Schule noch ein Eis essen?« fällt dir ihm gegenüber gleich tausendmal leichter. Denn ohne Zitterknie und Herzrasen kannst du locker bleiben. Und eine Absage – wie »Sorry, hab keine Zeit, weil ich noch für die Klassenarbeit morgen lernen muss« –, die du im allerschlimmsten Fall kassierst, nimmst du nicht persönlich.

Auf der anderen Seite kannst du bei einer Zusage jede Menge Erfolgspunkte für dein Ego sammeln. Mit diesem Plus an positiven Erfahrungen schaffst du es garantiert, auch deinem Schwarm gegenüber den entscheidenden Schritt zu tun. Weil du ganz tief in deinem Inneren gelernt hast, dass es im Kino nicht gleich ums Knutschen geht und Eisessen nicht miteinander gehen heißt.

Kurzum: Mit einem Angebot zu einer gemeinsamen Unternehmung gibst du dir noch lange keine Blöße, sondern ebnest lediglich den Weg, sich besser kennen zu lernen.

Dabei landest du einen weiteren Volltreffer, wenn du ihm beim ersten Date gestehst, dass du ganz schön unsicher warst, als du ihn das erste Mal angesprochen hast. Vorteil: Dein Mut wird von deinem Körper sofort damit belohnt, dass die Hände aufhören unruhig zu vibrieren und das flaue Gefühl im Magen verschwindet.

WENN DER ZWEIFEL NAGT

17

In der Schule ganz locker ein Referat halten.
Allein der Gedanke daran treibt vielen schon den Schweiß auf die Stirn. Vor versammelter Klasse möglichst frei zu sprechen, ohne rot wie eine Tomate anzulaufen und nicht gleich beim ersten Satz einen Stotteranfall zu bekommen, ist für die meisten eine richtig schwierige Aufgabe. Logisch, denn wie sollst du dich wohl in deiner Haut fühlen, wenn dir dein Ego in puncto glänzender Auftritt gerade mal wieder einen Strich durch die Rechung gemacht hat.

SO FUNKTIONIERT'S:

Auch hier ist Übung angesagt. Hast du dein Referat fertig vorbereitet, such dir ein paar »Opfer«, denen du deine Arbeit vortragen kannst. Dabei spielt es keine Rolle, ob du vor deinen Stofftieren, jüngeren Geschwistern, den Großeltern oder den Eltern redest. Hauptsache, du spürst dabei, dass der Stoff sitzt und du ein Gefühl für die wichtigen Punkte und notwendigen Betonungen entwickelst. Wenn es dann so weit ist und du wirklich vor deinen Mitschülern am Pult stehst, denke an deine tolle Darbietung während der Übungsphase. Dein Gehirn erinnert sich an das Erlernte und du kannst Sätze und Stoff so abrufen, wie du es trainiert hast.

Einem Fremden in Not Hilfe anbieten.

Es gibt Situationen, in denen es ganz schön schwierig ist, zu entscheiden, ob unsere Hilfe benötigt wird. Wird das unbekannte Mädchen tatsächlich von einem unangenehmen Typen belästigt oder gehören die beiden zusammen und streiten nur ganz normal? Ist der wankende Mann auf dem Gehsteig gegenüber betrunken oder hat er gesundheitliche Probleme? Unsere Hilfe anzubieten, und noch dazu einem Fremden, ist eine echte Herausforderung, weil schon Kinder häufig hören, dass man sich in Angelegenheiten anderer nicht einmischt. Doch wenn du nicht eingreifst, machst du dir später Vorwürfe, weil du deine Zurückhaltung für Feigheit hältst.

SO FUNKTIONIERT'S:

Wichtig: Hör auf dein Bauchgefühl und verlass dich auf deine innere Stimme. Sie signalisiert dir, ob du eingreifen solltest. Schließlich reicht schon eine einfache Frage wie »Brauchst du Hilfe?« oder »Kann ich etwas für Sie tun?«, um herauszufinden, ob es tatsächlich brenzlig ist. Und häufig steckt auch hier Übung dahinter. Wer öfter einer jungen Mutter mit Kinderwagen die Kaufhaustür aufhält oder der älteren Nachbarin die Einkaufstüten vor die Haustür trägt, traut sich auch in anderen Situationen seine Hilfe anzubieten und kann nachher stolz auf sich selbst sein.

Die eigene Meinung in der Clique vertreten.

Logisch ist es leichter, in der Clique im Mainstream mitzuschwimmen. Wer jedoch seine eigene Meinung grundsätzlich für sich behält und alles akzeptiert, fühlt sich schnell nicht mehr wohl in seinem Freundeskreis. Eigentlich klar, denn wenn du immer zum Inlineskaten gehst, obwohl du viel mehr Lust dazu hättest, dich aufs Fahrrad zu schwingen und ins Schwimmbad zu fahren, wirst du irgendwann unzufrieden. Und wenn du im Kino ständig Action-Streifen ansiehst, obwohl nebenan diese wundervolle Liebeskomödie läuft, siehst du es irgendwann nicht mehr ein, dein Taschengeld in ein teures Kinoticket zu investieren.

SO FUNKTIONIERT'S:

Natürlich sollst du dich nicht zum nervigen Nein-Sager entwickeln. Der entscheidende Punkt ist, immer auch Gegenvorschläge zu machen oder Alternativen zu bieten. Also heute zu skaten, dafür morgen ins Schwimmbad zu gehen. Oder die Mädels in der Clique sehen sich die Lovestory an, während die Jungs sich den härteren Streifen gönnen. So signalisierst du deinen Freunden einerseits, dass sie dir wichtig sind und du gerne mit ihnen gemeinsam etwas unternimmst. Gleichzeitig stärkst du auch deine Position in der Clique als selbstbewusste Persönlichkeit, die sich engagiert und sich nicht nur mitschleifen lässt.

Sich bei den Eltern durchsetzen.
Nicht nur über die unsinnigen Verbote von Eltern zu jammern, sondern seine eigenen Wünsche in die Tat umzusetzen, gehört auch zu einem gesunden Selbstwertgefühl dazu. Der Trick dabei lautet: Verantwortung übernehmen. Die meisten Väter und Mütter sind nämlich schwer beeindruckt, wenn du sie mit deiner Bereitschaft überraschst, Konsequenzen für dein Handeln zu übernehmen.

SO FUNKTIONIERT'S:

Du hast zum Beispiel keine Lust mehr, dir ständig anzuhören, dass du das Familientelefon durch stundenlange Gespräche mit der besten Freundin oder dem Kumpel blockierst? Schlage vor, dass du einen Zweitanschluss in dein Zimmer bekommst. Logischerweise verbunden mit dem Angebot, die Rechnung selber von deinem Taschengeld zu bezahlen oder dir einen Nebenjob zu suchen, um das Geld dafür zu verdienen. Auch gut: Wünsch dir statt einem neuen Outfit oder einem Computerspiel zum Geburtstag die Grundgebühr für das Telefon. Funktioniert natürlich auch fürs Handy. Noch besser wirkt ein Versprechen, Telefon oder Handy abzuschalten, wenn du Hausaufgaben machst oder Schlafenszeit ist. Notfälle selbstverständlich ausgenommen.

NACH-GEFRAGT

Wo sind deine Schwächen?

Von Liebe über Aussehen,
Schule, Familie und Freunde bis
hin zum alltäglichen Dilemma, wenn es
mal wieder heißt »Ich trau mich nicht« –
erst wenn du weißt, wo deine persönlichen
»Schwachstellen« liegen, kannst du sie gezielt
beheben. Und vielleicht stellst du fest, dass
hinter einer vermeintlichen Schwäche sich
eine heimliche Stärke verbirgt.

FEHLERSUCHE

Sich seiner selbst sicher sein, also konsequent, mutig, offen und engagiert anderen gegenüber aufzutreten und sich auch alleine in seiner Haut richtig wohl zu fühlen, das erscheint als riesiges Pensum, was du absolvieren musst, um zu einem gesunden Selbstvertrauen zu gelangen. Aber keine Panik: Häufig hapert es nur an Einzelstücken, die du noch brauchst, damit das komplette Puzzle am Ende eine starke Persönlichkeit ergibt.

Dieses fehlende Puzzleteil kann die vermeintliche Schüchternheit deinem Schwarm gegenüber sein genauso wie die Angst davor, Eltern, Lehrern oder auch den Freunden gegenüber selbstbewusst die eigene Meinung zu vertreten. Spitzenreiter auf der Schwächen-Hitliste ist bei vielen Jugendlichen jedoch das Aussehen, das als unschlagbar in puncto Erfolg bei anderen gilt.

In welchen Bereichen dein positives Ich-Gefühl noch einen kleinen Push notwendig hat, kannst du hier testen. Und du erfährst außerdem, wie du deine vermeintlichen Minuspunkte in persönliche Pluspunkte verwandelst.

Die Sache mit der Liebe – oder: Bist du wirklich schüchtern?

1 Von Anfang an bewunderst du den super-schnuckeligen Jungen, der in die Klasse über dir geht. Auf dem Pausenhof spricht er dich plötzlich an, ob du nicht Lust hast, mit auf eine Party bei seinem Kumpel zu kommen. Wie reagierst du?

A Ich will cool bleiben und sage, dass ich erst mal gucken muss, ob ich kann. Mit der Aussage, dass ich ihm am nächsten Tag Bescheid geben werde, verschaffe ich mir Zeit, um mich zu beruhigen.

B Meine Gesichtsfarbe konkurriert vermutlich mit dem Rot von Michael Schumachers Ferrari, aber ich lächle tapfer und sage zu.

C Ich kann mich in diesem Moment nicht mehr daran erinnern, jemals einen vollständigen Satz herausgebracht zu haben. Ich stammle etwas von »Äh, ja, vielleicht« und verschwinde auf die Mädchentoilette.

2 Dein Schwarm/Freund lädt dich am Samstag Nachmittag zu sich ein, weil er sturmfreie Bude hat. Gehst du hin?

A Auch wenn meine Schmetterlinge im Bauch im Irrflug sind, willige ich nur zögernd ein. Er soll bloß nicht merken, dass ich darauf schon lange gewartet habe.

B Mir ist zwar ein wenig mulmig, aber ich gehe hin. Wenn er mir zu aufdringlich wird, kann ich ja immer noch gehen.

C Ups! Ich weiß nicht, was da auf mich zukommt, weil ich bisher noch nie mit ihm alleine war. Ich erfinde deshalb eine Ausrede und sage ihm kurz vorher ab.

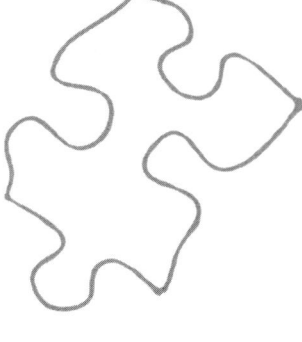

3 Du findest in deiner Schultasche einen Zettel mit einem Herzen darauf und der Telefonnummer von deinem Schwarm. Als du anrufst, stellt sich leider heraus, dass sich jemand einen üblen Scherz mit dir erlaubt hat und der Zettel gar nicht von ihm stammt. Wie kommst du aus der Situation heraus?

A Ich entschuldige mich am Telefon tausendmal für die peinliche Situation.

B Ich ärgere mich zwar innerlich total, aber ich versuche cool zu bleiben und frage ihn, ob wir nicht gemeinsam herausfinden wollen, wer uns da verkuppeln will.

C So ein Blödsinn, auf solche Zettel falle ich nicht rein, würde also niemals anrufen.

4 Der süßeste Junge aller Zeiten steht hinter dir an der Supermarktkasse. Ausgerechnet in diesem Moment fällt dir deine Handtasche hinunter und heraus fällt ein Booklet mit dem Jahres-Liebeshoroskop.

A Ich lächle ihn an und krame meine sieben Sachen schnell wieder zusammen. Dabei behaupte ich, dass das Horoskop eine Überraschung für meine Mutter sei.

B Ich weiß zwar nicht, was in mich fährt, aber ich sage: »Jetzt brauch ich nur noch dein Sternzeichen ...«

C Ich tue so, als würde ich ihn überhaupt nicht bemerke, und sehe zu, dass ich aus dem Laden komme, und hoffe, dass er mich draußen anquatscht.

Auswertung

Zähle zusammen, wie oft du A, B oder C angekreuzt hast.

Überwiegend A-Antworten:

Kompliment! Beim Flirten und in der Liebe ist dein Selbstvertrauen schon ganz gut ausgeprägt. Die einzige Stolperfalle, die dir dabei noch im Weg steht, ist die Sache mit deiner Unsicherheit, wenn du deinem Schwarm gegenüberstehst. Statt deine Begeisterung zu zeigen, suchst du lieber nach einer schlagfertigen Bemerkung, nur um nicht zugeben zu müssen, wie sehr du dich freust. In bestimmten Situationen ist das auch gut so. Beispielsweise wenn du wie aus heiterem Himmel einem absoluten Traumboy über den Weg läufst. Logisch, dass es hier nicht wirklich angebracht ist, dein plötzlich in Flammen stehendes Herz zu offenbaren. Aber wenn du schon lange auf eine Verabredung wartest, kannst du das ruhig auch zeigen. Schließlich kostet es auch Jungs große Überwindung, ein Mädchen anzusprechen. Schade, wenn er deine Unsicherheit dann als Abfuhr werten würde.

Überwiegend B-Antworten:

Glückwunsch! In Liebesangelegenheiten bist du wirklich gut drauf. Du bist nicht nur schlagfertig und witzig, sondern kommst auch mit peinlichen Situationen klar. Dabei kannst du dich selbst und deine Wünsche super einschätzen und lässt dich auf nichts ein, was du nicht wirklich willst. Weil du in der Lage bist, dabei auch mit einem hochroten Kopf Standhaftigkeit zu beweisen, wirkst du auf Jungs umso begehrenswerter. Dein Tempo solltest du aber drosseln, wenn du einem Fremden gegenüberstehst, der dir ganz gut gefällt. Denn mit allzu viel Schlagfertigkeit kannst du einen Jungen schnell verunsichern.

Überwiegend C-Antworten:

In der Liebe braucht dein Ego noch einen kleinen Anschub. Entweder weil du noch sehr jung bist oder einfach deshalb, weil du noch nicht so viele Erfahrungen mit dem Planeten *Boy* gemacht hast. Darum verhältst du dich Jungs gegenüber manchmal so, dass du dich später darüber schwarz ärgerst statt auf rosaroten Wolken zu schweben. Um deine Unsicherheit auf keinen Fall zu zeigen, reagierst du cool und abweisend. Schade, denn das nette Lächeln eines Jungen, der dir gefällt oder dich sogar anspricht, sollte doch belohnt werden! Dabei musst du keine Angst haben, wenn du plötzlich ins Stottern gerätst oder rot anläufst. Statt die Flucht zu ergreifen, kannst du ihm mit derartigen Reaktionen ganz einfach signalisieren: Ich freue mich.

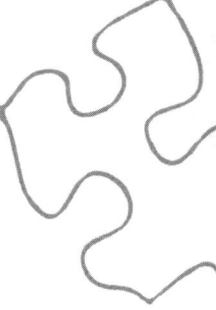

Hässliches Entlein oder schöner Schwan – oder: Hast du Komplexe?

1 *Die* Party des Jahres steht vor der Tür. Und ausgerechnet jetzt findest du in deinem Kleiderschrank nicht ein einziges Outfit, das diesem Anlass gerecht werden könnte. Gehst du trotzdem hin?

A Verzweifelt rufe ich erst mal meine beste Freundin an und erkläre ihr, dass ich unmöglich mitkommen kann. Vielleicht kann sie mir ja helfen.

B Ich schlachte mein Sparschwein, pumpe meine Eltern an oder bitte meine Oma um ein vorzeitiges Weihnachtsgeschenk. Dann renne ich in den nächsten Laden, um mir ein paar coole Teile zu kaufen.

C Während ich in einem Klamottenberg stehe, der es locker mit dem Mount Everest aufnehmen könnte, entscheide ich mich für meine Lieblingsjeans und ein passendes Top dazu.

2 Sport oder Soap? Ausgerechnet zur Sendezeit deiner Lieblingsserie findet in deinem Sportverein ein Kurs für Power-Tai-Chi statt, den du schon immer mal machen wolltest. Für was entscheidest du dich?

A Immer für den Sport. Ich finde, man kann gar nicht genug für seine Figur tun.

B Erst mal für den Sport. Wenn es mir nicht gefällt, höre ich wieder auf.

C Klar für den Sport. Die Soap kann ich ja auf Video aufzeichnen.

3 Bist du mit deiner Figur zufrieden?

A Nein, obwohl andere sagen, dass sie okay ist.
B Eigentlich schon. Aber ich tue auch eine Menge dafür.
C Mal ja, mal nein, je nach Laune und nach dem, was ich gegessen habe. Wenn mir meine Lieblingsjeans nicht mehr passt, werde ich auf jeden Fall unruhig.

4 Worauf, glaubst du, schauen Jungs bei Mädchen zuerst?

A Auf die Beine.
B Auf den Po.
C In die Augen.

Zähle zusammen, wie oft du A, B oder C angekreuzt hast.

Überwiegend A-Antworten:

Du weißt es wahrscheinlich längst – wenn es um dein Aussehen geht, bist du ziemlich unsicher. Weil du dich eher fragst, wie du auf andere wirkst, anstatt herauszufinden, was dir selber am besten gefällt oder wie du dich am wohlsten fühlst. Das geht vielen Mädchen so, egal ob sie von anderen wegen ihrer traumhaften Beine, ihrer Model-Figur oder ihrem hübschen Gesicht bewundert werden. Im Mittelpunkt steht immer die Frage: Wie finden die anderen mich? Aber mal ganz ehrlich: Wie findest du dich? Oft ist es nämlich so, dass man sich selbst wohler in seiner Haut fühlt, wenn man nicht noch drei Kilo runterhungert. Oder wenn man im Lieblings-Lässig-Outfit statt im megamodischen Styling auf der Party auftaucht. Ganz einfach, weil du harmonisch nach außen ausstrahlst, dass du mit dir selbst und deinen eigenen Vorstellungen im Einklang bist. Und damit wirkst du lockerer und ungezwungener als Mädchen, die sich ständig fragen, ob das Make-up noch sitzt oder der Rock nicht zu kurz ist. Wie sonst sollte es auch zu erklären sein, dass selbst Mädchen, die nicht mit Heidi Klum konkurrieren können, eine Menge Bewunderer haben oder sich sogar einen echten Traumboy angeln konnten?

Überwiegend B-Antworten:

Eigentlich bist du rundum zufrieden mit dir und deiner Figur, egal ob sie gängigen Schönheitsidealen entspricht oder nicht. Wenn da nur nicht immer wieder diese regelmäßigen Krisen wären, bei denen dein optisches Selbstbewusstsein wie ein kaputter Fahrstuhl in tiefste Abgründe stürzt. Dann versuchst du panikartig mit Frustkäufen deine Optik aufzupeppen, obwohl eigentlich deine Psyche den Push nötig hätte. In solchen Momenten solltest du dir nicht nur für ein wohliges Bad oder eine kosmetische Generalüberholung Zeit nehmen, sondern auch deine Seele mit Streicheleinheiten verwöhnen. Mach dir mal klar, was dich eigentlich liebenswert macht. Dein Lächeln, deine Fröhlichkeit, deine Art, anderen zuzuhören. Das sind Eigenschaften, die dir auch ein Pickel, der zum ungünstigsten Zeitpunkt sprießt, oder der Minirock, der auf einmal in der Taille kneift, nicht nehmen können. Und das gilt auch, wenn sich ausgerechnet kurz vor einem Date mit deinem Schwarm Selbstzweifel besonders laut zu Wort melden. Vielleicht hilft dir dabei ja eine Statistik: Nach einer Umfrage des renommierten Forsa-Instituts schauen nur acht Prozent der Jungs zuerst auf die Beine eines Mädchens, zehn Prozent auf den Po. Aber immerhin 38 Prozent blicken ihr zuerst in die Augen.

Überwiegend C-Antworten:

Wow, du findest dich schön, magst deinen Körper und gehst deshalb auch liebevoll und gut mit ihm um. Auf der Wohlfühlskala bringt dir das zehn fette Pluspunkte ein. Du weißt, wie du deine Schokoladenseiten gut in Szene setzt, egal ob es sich um deine strahlenden Augen, einen schön geschwungenen Mund, ein traumhaftes Dekolletee oder extralange Beine handelt. Dir geht es nie darum, Idealen aus der Welt des Show- und Model-Business nachzueifern. Du glänzt viel lieber mit deinem eigenen Stil und schaffst es auch, im Ultra-Lässig-Look auf einer Party zum strahlenden Mittelpunkt zu werden. Weil du weißt, dass zu einem guten Aussehen eine tolle Ausstrahlung gehört. Das befreit dich natürlich nicht von Selbstzweifeln, die auch dich ab und zu kalt erwischen. Was du

dann brauchst, ist jedoch kein neues Outfit oder eine besonders teure Beauty-Maske. Viel schneller verhelfen kleine Psychotricks deinem Wohlbefinden wieder auf die Sprünge. Das kann eine Jogging- oder Inliner-Tour sein, bei der du dich richtig auspowerst. Oder einfach nur fünf Minuten mit dir alleine vor dem Spiegel, in denen du mit deinem Gegenüber um die Wette lachst. Spätestens dann weißt du ganz schnell wieder: Hey, das tolle Mädchen da im Spiegel, das bin ich!

Power bei Freunden, Familie und in der Schule – oder: Check deine Schlagfertigkeit

1 Deine Clique hängt mal wieder lustlos rum und kein Vorschlag, irgendetwas auf die Beine zu stellen, zieht. Mit welcher Idee sorgst du für Power?

A Ich schlage vor, eine Runde Uno, Trivial Pursuit oder ein anderes Spiel zu spielen. Der Gewinner darf bestimmen, was abgeht.

B Ich suche mir eine Freundin oder einen Kumpel, die besser drauf sind und mit denen ich alleine etwas unternehmen kann.

C Ich erkläre meinen Freunden, dass mich ihre Lustlosigkeit nervt.

2 Endlich hast du dich mit deinem Schwarm verabredet. Doch ausgerechnet jetzt fällt deiner Mutter ein, dass sie dringend deine Hilfe im Garten braucht. Was tust du?

A Ich erkläre ihr, wie wichtig dieses Date für mich ist, und schlage vor, am nächsten Tag die komplette Bügelwäsche zu erledigen, wenn sie mich gehen lässt.

B Ich erfinde eine Notlüge, dass ich einer Freundin versprochen habe, mit ihr für die Mathearbeit am nächsten Tag zu lernen.

C Ich rufe meinen Schwarm an und frage, ob er ein anderes Mal Zeit hat.

3 Du hast nach der Klassenarbeit in Deutsch ein supergutes Gefühl und bist sicher, dass dir der Aufsatz einfach gelungen ist. Als du die Arbeit zurückbekommst, steht eine Vier darunter! Schluckst du die schlechte Note?

A Nicht ohne meinen Lehrer zu fragen, wie er zu der miesen Bewertung kommt.
B Ich frage zunächst mal meine Klassenkameraden, wie sie abgeschnitten haben, und vergleiche meine Arbeit mit denen, die besser benotet worden sind.
C Ich zeige dem Lehrer meine Enttäuschung und beschließe das nächste Mal besser zu sein.

4 Du hast deine Clique zum Essen eingeladen. Es gibt Spaghetti Bolognese. Am Abend stellst du jedoch um Viertel nach sieben fest, dass du das Hackfleisch vergessen hast. Also Schnellspurt in den nächsten Laden. Außer Atem stehst du um halb acht vor der Fleischtheke, um dir anhören zu müssen, dass der Fleischwolf schon geputzt worden ist und es deshalb kein Hackfleisch mehr gibt. Was nun?

A Ich weise den Verkäufer freundlich darauf hin, dass der Laden erst um zwanzig Uhr schließt und er mir deshalb bitte mein Hackfleisch durch den Wolf drehen soll. Notfalls verlange ich nach dem Geschäftsführer.

B Ich murmle etwas von wegen, der Kunde ist König, der Verkäufer aber wohl der Kaiser, und besorge mir Hackfleisch aus der Tiefkühltheke.

C Ich beschließe in diesem Laden nie wieder einzukaufen.

Auswertung

Zähle zusammen, wie oft du A, B oder C angekreuzt hast.

Überwiegend A-Antworten:
Fiese Verkäufer, schlecht gelaunte Freunde, strenge Eltern oder ein Lehrer, der dich falsch benotet, – das sind sie, die alltäglichen Killer-Situationen, die aus guter Laune schnell miese Stimmung machen. In den meisten Fällen lässt du dich dabei aber nicht stressen, denn du kennst deine Rechte, weißt um deine Stärken und verstehst es, deine Wünsche nach der richtigen Wertigkeit einzustufen. Dabei bist du immer auf der Suche nach einer Lösung, ohne andere vor den Kopf zu stoßen. Mit Witz und Einfühlungsvermögen schaffst du es locker, der miesepetrigen Clique wieder Leben einzuhauchen, statt dich von kollektiver schlechter Laune anstecken zu lassen. Den fiesen Verkäufer weist du einfach freundlich auf seine Aufgabe hin und auch von einem Lehrer lässt du dich nicht unterkriegen.

Noch viel wichtiger ist aber deine Kompromiss-
bereitschaft, die deine starke Persönlichkeit besonders auszeichnet. Deshalb kriegst du auch
deine Eltern immer rum, wenn du ein Ziel, das
dir wirklich wichtig ist, erreichen willst. Statt
zu quengeln und rumzumaulen, machst du An-
gebote, mit denen du Ihnen ein Stück ent-
gegenkommst und zeigst, dass du durchaus
Verantwortung für dich und andere übernehmen kannst.

Überwiegend B-Antworten:
Aber hallo! Warum spielst du Verstecken mit
dir selbst? Es gibt so viele Situationen, wo du
dir deiner Stärken und deiner Persönlichkeit
absolut sicher bist. Und dann reicht eine kleine Unfreundlichkeit, ein lächerliches Verbot
oder eine ungerechte Behandlung, damit du
dich in dein Schneckenhaus verziehst. Dabei
hast du das gar nicht nötig, denn niemand ver-
übelt es dir, wenn du ab und zu mal deine Kral-
len ausfährst. Weck also ruhig den Tiger in dir und
kämpfe für deine guten Gefühle, weil keiner hat
das Recht, darauf herumzutrampeln.
Du musst ja nicht gleich die Rolle des Cliquen-

Leaders übernehmen, wenn bei deinen Freunden mal gar nichts abgeht. Es ist vollkommen okay, dich mit einer Freundin oder einem Kumpel zurückzuziehen und zu zweit was auf die Beine zu stellen, wenn die anderen nicht mitmachen. Und es ist auch in Ordnung, eine in deinen Augen zu schlecht benotete Klassenarbeit erst einmal in der Gruppe zu diskutieren, bevor du deinen Lehrer auf das vermeintliche Unrecht aufmerksam machst. Du solltest dir aber nicht alles gefallen lassen, was dich auf deinem Weg zu deinen Zielen ausbremst. Statt zu Notlügen zu greifen oder dich einschüchtern zu lassen, darfst du ruhig zu deinen Überzeugungen stehen. Denn zu einem guten Ich-Gefühl gehört auch, sich nicht ständig unterbuttern zu lassen oder unterordnen zu müssen.

Wie du das ganz locker hinkriegst, erfährst du unter anderem in dem Kapitel »*Der schnellste Weg zum Ego*«.

Überwiegend C-Antworten:

Gute Zeiten, schlechte Zeiten – die kennst du ganz genau, wenn es um die Einschätzung deiner Persönlichkeit geht. Da gibt es diese Tage, an denen du dir gar nichts zutraust und von anderen einfach überrollt wirst. Und dann wieder glänzt du mit unglaublicher Power und setzt dich mutig für deine Ziele oder deine Freunde ein. Das Einzige, was fehlt, ist die Beständigkeit eines positiven Bauchfeelings, das dir in den meisten Fällen den richtigen Weg weisen würde. Na und? Deshalb musst du nicht in Selbstzweifeln versinken, denn es ist wirklich kein Drama, auch mal einen schlechten Tag erwischt zu haben. Solange du das dir gegenüber eingestehst, ohne dich komplett in Frage zu stellen. Deshalb ist es auch völlig legitim, der Clique mal ordentlich die Meinung wegen ihrer miesen Laune zu geigen, ohne gleich den Top-Vorschlag zur Versöhnung zu bringen. Manchmal reicht es auch schon, am nächsten Tag einfach mit einem kleinen »Sorry« rüberzubringen, dass du nicht in Form warst.

THINK PINK: SCHWÄCHEN GANZ STARK

Vor allem Mädchen begreifen ihr Aussehen und ihren Charakter häufig als eine riesige Ansammlung an Mängeln, Fehlern und Unzulänglichkeiten. Aber Vorsicht! Nicht alles, was du für eine Schwäche an dir hältst, ist auch tatsächlich eine. Deine Freunde sehen dich oft ganz anders, als du dich selbst einschätzt.

Jungs dagegen sind sich selbst gegenüber meist viel unkritischer. Das haben auch Persönlichkeitsforscher herausgefunden, die Männer nach ihren vermeintlichen Schwächen befragten. Als Antworten hörten sie: »Ich bin vielleicht ein wenig zu ehrgeizig.« Oder: »Manchmal übertreibe ich es mit dem Sport ein bisschen.«

Ganz schön schlau, denn das, was Männer als Defizite bezeichnen, erweist sich bei näherem Hinschauen als eine Stärke. Da arbeitet jemand an seinen persönlichen Zielen oder tut etwas für seinen Körper und seine Fitness. Diesen Trick kannst du dir auch zu Eigen machen, indem du einfach mal überprüfst, ob deine vermeintlichen Schwächen wirklich negativ sind. Meistens musst du dich nämlich nicht selbst ändern, sondern nur deinen Blickwinkel auf dich.

Wie das geht, zeigen dir die Beispiele auf den folgenden Seiten.

DU HÄLTST DICH FÜR ZU IMPULSIV UND TEMPERAMENTVOLL?

Die Wahrheit: Klar schießt du manchmal über das Ziel hinaus und plapperst ungebremst drauflos – um dich eine Sekunde später über dich selbst zu ärgern, weil du deiner Ansicht nach jede Menge Unsinn von dir gegeben hast. Doch genau dafür lieben dich deine Freunde. Denn du bist diejenige, die ohne großes Nachdenken und Abwägen die witzigsten Ideen für spontane Cliquen-Action liefert oder dem Lehrer die Meinung sagt, weil einer deiner Klassenkameraden in deinen Augen ungerecht behandelt wird. Toll!

DU HÄLTST DICH FÜR UNDIPLOMATISCH UND ZU DIREKT?

Die Wahrheit: Natürlich ist es auf den ersten Blick heftig, wenn du der Klassenzicke deine Meinung geigst oder deiner besten Freundin deutlich von der Jeans abrätst, für die sie gerade viel Geld hinlegen will, obwohl sie eine Nummer zu klein ist. Andererseits wirst du dafür bewundert, dass du sagst, was andere nur denken. Wer unverblümt seine Meinung ausspricht, gilt als superehrlich und aufrichtig. Weil jeder weiß, dass du die Wahrheit niemals rosarot ausschmückst, nur um dich bei anderen beliebt zu machen.

DU HÄLTST DICH FÜR ZU SCHÜCHTERN?

Die Wahrheit: Weil du nicht immer gleich mit der Tür ins Haus fällst, sondern zurückhaltend wartest, gelingt es dir immer, den richtigen Zeitpunkt für ein Gespräch oder eine Aktion abzuwarten. Andere schätzen an dir deine überlegte, kluge Art, die dich zu einer vertrauenswürdigen Freundin macht.

DU FINDEST DEINE HAARE EINFACH SCHEUSSLICH?

Die Wahrheit: Egal ob zu glatt, zu kurz, zu krauselig – fast jedes Mädchen hat an seiner Frisur etwas auszusetzen. Das Widersinnige daran: Andere beneiden es vielleicht gerade wegen seiner tollen Haare. Die Glatthaarigen wünschen sich die lockige Löwenmähne, obwohl die vermeintlich stolze Besitzerin ihre widerspenstigen Haare oft verflucht. Und die Kurzhaarigen träumen vom Long-Look, obwohl deren Trägerinnen gerne einen Shorty hätten, mit dem sie richtig frech und cool aussehen.

DU HÄLTST DICH FÜR ZU DICK?

Die Wahrheit: Die wenigsten Jungs stehen auf Hungerhaken. Das, was du als fett bezeichnest, empfinden sie als weibliche Rundungen, die anmachen statt abzustoßen. Anders ließe es sich nicht erklären, warum auch molligere Mädchen einen Freund abbekommen und sich dabei oft auch noch die besonders begehrenswerten Exemplare angeln.

Fazit:

Mach keine Kehrtwendung in Bezug auf deine Persönlichkeit oder dein Outfit, sondern rücke dich selber und deine Art einfach nur in ein positiveres Licht. Dabei kannst du natürlich noch Akzente setzen, damit du das, was du in deinem Spiegelbild siehst, auch richtig zu schätzen weißt.
Wie das funktioniert, erfährst du im nächsten Kapitel.

ICH FÜHL MICH WOHL

Man sieht es!

Zu dick, zu dünn,
zu hässlich, zu langweilig,
zu unsportlich – dass Jugendliche
ständig an sich herummäkeln, daran ist
die lästige Pubertät schuld. Mit kleinen
Tricks lassen sich die verrückt gewordenen
Hormone aber locker aus- und kleine
Schönheitsmakel überspielen.

DAS CHAOS MIT DEN KOMPLEXEN

In der Pubertät sind Mädchen und Jungs häufig Weltmeister darin, wenn es darum geht, sich selber herabzusetzen und abzukanzeln. Am meisten nerven dabei diese Mädchen, die in deinen Augen auf jedem Gebiet eine richtig gute Figur machen und trotzdem kein gutes Haar an sich lassen.

Und dann erwischst du dich plötzlich selbst dabei, wie du an deinen Spaghetti-Haaren herumnörgelst, die deine beste Freundin gestern noch als beneidenswerte Löwenmähne bezeichnet hat. Oder du entdeckst beim Blick in den Spiegel plötzlich diesen Monsterpickel, der sich wie der Mount Everest auf deiner Stirn erhebt. Aber deine Mutter verlangt nur nach einer Lupe, als du sie auf der Suche nach einem Gegenmittel panisch darauf aufmerksam machst. Und dann fragt die Nachbarin genau zu dem Zeitpunkt, an dem du fieberhaft im Internet nach Informationen über die neueste Hollywood-Wunderdiät suchst, ob du abgenommen hast. Aber können Spiegel lügen?

Hormone contra Happy-Hype

Okay, dass du in der Pubertät steckst, weißt du selber. Aber hast du denn eine Vorstellung davon, was dieser lästige Hormonkick mit deinem Selbstbewusstsein anrichten kann?

Deine Gefühle Jungs gegenüber fahren jetzt genauso Achterbahn wie dein Empfinden für dich selbst. Dabei übernimmt ein Chemie-Cocktaill die Kontrolle über Kopf und Körper. Und zusätzlich musst du dich noch damit auseinander setzen, dass sich dein äußeres Erscheinungsbild beinahe in Lichtgeschwindigkeit verändert. Der Busen wächst, Hüfte und Po bekommen weibliche Rundungen und auch die Haut scheint auf der Suche nach ihrer endgültigen Beschaffenheit zum Nährboden für jeden Pickel zu werden.

Richtig gemein verhalten sich dabei die verrückt spielenden Hormone. Denn sie sorgen dafür, dass du einen Knick in der Optik bei deiner persönlichen Selbstwahrnehmung bekommst. Also nichts wie her mit einer rosaroten Brille für dein Ego!

Die Top Five der Feel-good-Hits

✳ Raus aus der Krise

Wer sich nicht wohl in seiner Haut fühlt, sollte sich etwas Gutes gönnen. Also nichts wie raus aus dem Schneckenhaus des Selbstmitleids und ab mit der besten Freundin ins Kino oder zu einem ausgedehnten Shoppingbummel in die City!

✳ Schoki-Power

Du bist ganz sicher, dass irgendjemand deine Waage manipuliert hat. Denn obwohl sie selbst vor Gericht aussagen würde, dass du kein Gramm zugenommen hast, fühlst du plötzlich jedes Kilo als doppelte Last. Setz noch einen drauf und gönn dir deine Lieblingsschokolade. Wissenschaftler haben nämlich bewiesen, dass in Schokolade – vor allem in zartbitteren Sorten mit hohem Kakaoanteil – nicht nur Kalorien, sondern eine ganze Portion Happy-Hormone stecken. Diese so genannten Serotonine bringen auch dein Feeling schnell wieder auf die Überholspur und machen dich fit für deinen Vorsatz, ab morgen gesünder zu essen.

✳ Tausch-Rausch

Selbst in deinem Lieblingsoutfit fühlst du dich plötzlich wie in Lumpen gehüllt? Da hilft garantiert der Kleiderschrank deiner Freundin. Beim kreativen Klamottentausch findest du bestimmt ein Teil, das aus dir schnell wieder eine Prinzessin macht. Und wenn dir ihre knackige Jeans nicht passt, ist es vielleicht diese wunderbare Bluse, die dich zur Beauty-Queen macht. Oder ihre tollen Traumschuhe, mit denen auch dein angeknackstes Selbstbewusstsein schnell wieder Fuß fasst.

✳ Body-Booster

Eine halbe Stunde Inlineskaten, Joggen oder Walking an der frischen Luft reichen aus, damit dein Körper dir Danke sagt: Mit einer Extraportion Endorphinen, den Wohlfühl-Hormonen.

✳ Lachen macht Laune

Alles halb so wild. Lachen entspannt den Körper und die Seele. Verrückt, aber wahr: Eine Minute lachen wirkt wie 45 Minuten Entspannungstraining. Und ganz nebenbei fördert Lachen die Durchblutung und sorgt für einen zarten, rosigen Teint.

PERSONAL STYLING – SO SCHÖN BIST DU

Tatsache ist, dass 90 Prozent aller Mädchen und Frauen nie einen Model-Vertrag in der Tasche haben werden, weil ihre Figur auf der Skala der Schönheitsideale bei dem einen oder anderen Punkt aus der Reihe tanzt. Auch wenn es sich dabei in den meisten Fällen nur um Mini-Makel handelt, gerät so manches Mädchen deshalb in die große Krise. Kein Wunder beim Anblick der perfekten Beautys, die uns tagtäglich von den Covern der Modezeitschriften entgegenlächeln.

Auch wenn du selber eigentlich schon lange weißt, dass es auf die Fashion-Fassade nicht ankommt, ist es trotzdem super fürs Selbstbewusstsein, mit einem gepflegten, guten Aussehen auf Komplimente-Kurs zu gehen. Wer sich dabei von auf Hochglanz polierten Promis nicht ablenken lässt und viel lieber auf die Suche nach seinen ganz persönlichen Schokoladenseiten geht, landet garantiert einen Treffer für seine Top-Ausstrahlung. Damit die Punktlandung für dein Personal Styling gelingt, findest du hier die besten Outfits für mollige Mädchen genauso wie für dünne, kleine oder auch ganz große Girls.

Rundum eine gute Figur
STYLINGTIPPS FÜR MOLLIGE MÄDCHEN

Outfit: Zeig deine weiblichen Rundungen in Klamotten, die dich trotzdem schlank wirken lassen. Super in Szene setzen Carmen-Rüschen ein üppiges Dekolletee. Beine machen dir überlange Jeans mit nicht zu großem Schlag und kleine Pölsterchen verschwinden unter fließenden Stoffen aus Satin oder Lycra. Mollige Beautys setzen außerdem auf dunkle Farben oder kleine Muster. Das wirkt superedel und geheimnisvoll verführerisch!

Schuhe: Auch wenn derbe Sneakers mit dicken Sohlen total angesagt sind, solltest du einen Bogen um sie herummachen. Einen tollen Auftritt hast du dagegen in zarten Riemchenschuhen oder zierlichen Sabots zum Reinschlüpfen. Spitze wirkst du in Stiefeletten mit kleinen dünnen Absätzen.

Accessoires: Keine großen Klunker, stattdessen lieber ganz sweet in Silber ein süßes Kettchen mit kleinem, funkelndem Anhänger, ein schmaler Armreif und schmale Ringe.

Darf's etwas mehr sein?
STYLINGTIPPS FÜR DÜNNE MÄDCHEN

Outfit: Superdünne Mädchen dürfen in puncto Fashion richtig dick auftragen. Feste Stoffe wie Cord und Baumwolle pushen den zarten Body. Gerüschte und geraffte Blusen sind der Geheimtipp, der aus einem Mini-Dekolletee einen Maxi-Hingucker macht. Pluspunkte sammelst du auch mit großen Mustern auf Oberteil und Hose und mit bunt durcheinander gemixten Farben.

Schuhe: Auch wenn du Sweety-Sandalen mit feinen Riemchen wunderschön findest, wirken sie wie ein Diätprogramm auf ohnehin schon dünne Beine. Dafür stehen dir trendy Sneakers oder derbe Stiefel besonders gut. Trägst du die noch zum Minirock, bist du richtig hip.

Accessoires: Breite Gürtel zaubern optisch gleich ein paar Gramm mehr auf die Hüften. Schmale Finger peppst du im Handumdrehen mit dicken Ringen auf.

STYLINGTIPPS FÜR KLEINE MÄDCHEN

Outfit: Ton in Ton mit fließenden Stoffen schummeln kleine Mädchen gleich ein paar Zentimeter dazu. Wichtig: Keine Body-Breaks bei der Auswahl der Klamotten. Das heißt, Finger weg von Ringelpullis, bauchfreien Tops oder knappen Röcken. Denn das unterbricht die Figur und lässt dich noch kleiner wirken. Super stehen dir dagegen Oberteile mit V-Ausschnitt, knielange Röcke und Kleider oder schmal geschnittene, aber nicht hautenge Jeans und Hosen.

Schuhe: Süße Plateaus im Sommer, Stiefel mit kleinem Absatz im Winter – so wächst du zu jeder Jahreszeit optisch über dich hinaus.

Accessoires: Perfekt für kleine Mädchen: Gürtel mit langen Bändern, die die Beine umspielen. Für ein süßes Dekolletee sorgen lange, schmale Kettchen.

Kurz und gut
STYLINGTIPPS FÜR GROSSE MÄDCHEN

Outfit: Gleich eine Nummer kleiner wirken ganz große Mädchen, wenn sie bei ihrem Look darauf achten, dass sie die lange Linie immer wieder unterbrechen. Das gelingt locker mit bauchfreien Tops, kurzen Jacken, Dreiviertelhosen oder Miniröcken. Auch mit frechen Farben sorgst du immer wieder für Breaks, die dich kleiner erscheinen lassen. Tipp: Falls du dich an bauchfreie Tops nicht ranwagst, wirken auch schulterfreie Oberteile.

Schuhe: Klar dürfen es auch mal die High Heels sein. Aber wenn du nicht ganz so hoch hinauswillst, stehen dir super-süße Sabots mit Mini-Pfennig-absatz oder flache Sneakers.

Accessoires: Breite Halsreifen oder ein Nabel-Tattoo zum Auf-kleben strukturieren lange Bodys und lassen dich optisch kleiner wir-ken. Perfekt auf Small-Size sitzen breite Gürtel, die für einen echten Hingucker sorgen.

Dos & Don'ts in Sachen Mode

Manchmal sind es einfach nur die Feinheiten an der Figur, die ein gutes Body-Feeling schnell vermiesen. Mit diesen Fashion-Tricks bügelst du kleine Makel einfach aus:

BREITE SCHULTERN

Yes: Oberteile mit Rüschen und Puffärmeln, lässig fallende Blusen. Ein besonderes Plus: Weit ausgestellte Kleider und Röcke bringen Schwung in die Figur.
No: Spaghetti-Tops, enge Rollkragenpullis, T-Shirts in Tank-Form.

GROSSER BUSEN

Yes: Enge Shirts mit V-Ausschnitt betonen einen üppigen Busen, weich fließende Stoffe und Tops mit U-Boot-Ausschnitt lenken ab.
No: Alles, was gerüscht und gerafft ist, macht aus viel noch mehr.

KLEINER BUSEN

Yes: Oberteile aus weich fließenden Stoffen mit großen Mustern bringen deinen Busen schnell in Top-Form. Wer keine Angst vor Mogelpackungen hat, greift zum Push-up-BH unter engen Tops. Raffinierte Pölsterchen in den Körbchen sorgen für ein verführerisches Dekolletee.
No: Knallenge Tops mit Spaghettiträgern und knappe Oberteile.

MOLLIGE HÜFTEN

Yes: Bunte Tops mit raffinierten Schnitten oder tollen Mustern lenken ab und betonen deinen Oberkörper. Schwingende Röcke und Kleider stehen Mädchen mit weiblichen Rundungen besonders gut.
No: Finger weg von breiten Gürteln und Hüfthosen. Derbe Cord- oder Baumwollstoffe betonen außerdem, was du lieber wegschummeln möchtest.

KRÄFTIGE BEINE

Yes: Weich fließende Hosen im Marlene-Stil zu Schuhen mit hohen Absätzen bringen deine Beine in Topform. Auch auf rockige Zeiten musst du nicht verzichten. Wichtig: Oberschenkel schön verpacken und eine Länge bis etwa zur Mitte der Waden wählen. Toll bei Hosen: Längsstreifen, überlang und leicht ausgestellt.
No: Helle, bunte oder geringelte Strumpfhosen zum Rock, knallenge Jeans oder Hosen aus Stretchstoffen.

DIE BEAUTY-SECRETS DER STARS

Auch Hollywood-Schönheiten sind nicht als makellose Beautys auf die Welt gekommen und helfen mit Stylisten, Make-up-Artisten und kleinen Tricks nach, um ihr Aussehen kameratauglich zu machen.

Jennifer Lopez

Auch wenn die Latina selbst ohne Make-up klasse aussieht, schummelt sie mit Schminke für die ganz großen Augenblicke ihrer Auftritte. Ihr verführerischer Augenaufschlag entsteht durch Fake-Wimpern, die sie sich einfach anklebt und mit einer Extraportion Mascara in Bestform tuscht. Glänzende Hautpartien zaubert Jennifer mit hellem Puder weg. Für ihren frischen, sonnengebräunten Teint sorgt terracottafarbenes Rouge.

Drew Barrymore

Ohne Make-up wirkt die Schauspielerin so unspektakulär wie ein Schulmädchen von nebenan. Glamour ins pausbäckige Gesicht von »Charlies Engel« kommt durch rauchig geschminkte Augen mit schwarzem Kajal sowie braunem Lidschatten auf Ober- und Unterlid. Süß: Für die Lippen wählt Drew nur ein schimmerndes, farbloses Lipgloss.

Renée Zellweger

Ganz auf Natürlichkeit setzt Bridget-Jones-Darstellerin Renée auch bei ihrem Make-up. Groß raus kommen dabei vor allem ihre Vorzüge wie der sinnliche Schmollmund, den sie gekonnt mit glitzernden oder matten Rottönen in Szene setzt. Ganz geschickt lenkt sie dabei von ihren kleinen Augen ab, die sie häufig nur mit einem pastelligen Lidschatten und Mascara betont.

BEAUTY-BASICS

Selbst wenn sich nicht jeder Pickel gleich in die Flucht schlagen lässt – Pflege ist der schnellste Weg zu einer strahlend schönen Haut. Das gelingt selbst in Zeiten, in denen die Hormone mal wieder ganz besonders aus dem Ruder laufen.

Test yourself

Bevor du dein ganz persönliches Pflegeprogramm startest, check deinen Hauttyp, damit du Unreinheiten ganz gezielt an den Kragen gehen kannst. Nimm dazu ein Kosmetiktuch und drücke es auf die gereinigte Haut. Bei fettiger Haut bleiben überall auf dem Tuch ölige Flecken zurück, Mischhaut erkennst du an Spuren auf der so genannten T-Zone von Stirn, Nase und Kinn. Trockene Haut, die häufig besonders empfindlich ist, hinterlässt keine Rückstände auf dem Tuch.

Pflege für fettige Haut

Wenn die Talgdrüsen während der Pubertät auf Hochtouren laufen, hinterlässt das häufig einen öligen Glanz auf dem Teint, der Pickeln und Pusteln Tür und Tor öffnet.

WISCH & WEG

Porentiefe Reinigung morgens und abends sorgt dafür, dass der Fettgehalt der Haut reduziert wird, ohne auszutrocknen.

Wichtig: Alkoholfreie, sanfte Reinigungslotionen oder Waschgels verwenden.

Perfekt: Ein bis zwei Mal in der Woche ein mildes Peeling, das die Poren richtig ausputzt.

So kriegt die Haut ihr Fett weg: Feuchtigkeitscremes für ölige Haut mit Pflanzenextrakten und antiseptischen Zusätzen sorgen schnell für einen zarten, frischen Teint.

MAKE-UP

Grundierungen oder getönte Tagescremes gibt es speziell für fettige Haut.

Perfektes Finish: Transparenten, losen Puder mit einer dicken Puderquaste einklopfen. Superschnell einen matten Teint zaubern auch Pudertücher, die du einfach zwischendurch auf fettige Hautstellen drücken kannst.

Pflege für Mischhaut

Mischhaut mit fettigen Partien an Stirn, Nase und Kinn und trockenen Hautstellen an den Wangen benötigt Pflege im Schonprogramm.

WISCH & WEG

Sanfte Reinigungslotionen, die der Haut auch während des Waschens keine Feuchtigkeit entziehen, sind perfekt. Einmal wöchentlich zusätzlich eine Reinigungsmaske auf der T-Zone auftragen.

Trick: Besonders ölige Hautpartien nach der Reinigung mit einem Gesichtswasser abtupfen, um den pH-Wert der Haut zu stabilisieren.

MAKE-UP

Dicke Make-up-Cremes wirken auf Mischhaut schnell fleckig.

Besser: eine leichte getönte Tagescreme, so genannte Öl-in-Wasser-Emulsionen, die wenig Fett, aber viel Feuchtigkeit enthalten. Fettige Partien mit Puder mattieren.

Pflege für trockene Haut

Eigentlich beneidenswert, die Pubertät ohne Pickel zu überstehen. Häufig sorgen die Hormone jedoch für das Gegenteil und du klagst über trockene, juckende, spannende Haut, weil die Talgdrüsen nur auf Sparflamme arbeiten.

WISCH & WEG

Eine milde Waschcreme ohne Alkohol sorgt dafür, dass der Haut nicht noch mehr Fett entzogen wird. Am besten mit lauwarmem Wasser abwaschen und das Gesicht danach ganz sanft mit einem Handtuch trockentupfen. Pflanzenöle wie Traubenkernöl in Tagescremes machen die Haut geschmeidig und kitten undichte, rissige Stellen in der Hornschicht.

Achtung: Auf Zusätze wie Düfte, Farbstoffe oder Konservierungsmittel besser verzichten.

MAKE-UP

Spezielle Grundierungen für trockene Haut enthalten pflegende, feuchtigkeitsspendende Substanzen.

Perfektes Finish: Puder nur ganz leicht mit einem Pinsel über das Gesicht stäuben und nicht einklopfen, sonst wirkt der Teint schnell wie »abgeblättert«.

Make-up: weniger ist mehr

Gerade bei Hautproblemen reizt es, kräftig in den Farbtopf zu greifen und Pickel oder Pustel einfach wegzuschminken. Dabei passiert es schnell, dass die eigene Persönlichkeit gleich mit übermalt wird und statt einer makellosen Beauty-Queen ein maskenhaftes Alien entsteht.

Tipp: Setz statt auf dicke Abdeckcremes lieber auf deine Ausdrucksfähigkeit. Wer seine schönen Augen mit etwas Mascara betont oder seine vollen Lippen mit einem leichten Gloss in Szene setzt, lenkt ganz locker von Unreinheiten ab.

NATURAL-BEAUTY

Pflegende Masken regenerieren die Haut und sorgen für einen frischen, entspannten Teint. Auch Vitamine kannst du als Schönmacher nutzen. Und: Für diese Schönheitspflege musst du nicht mal tief in die Tasche greifen. Das meiste, was du dafür brauchst, findest du zu Hause im Küchenschrank oder kannst du für wenig Geld im Supermarkt um die Ecke besorgen. Das Beste: Du kannst dabei voll auf Natürlichkeit setzen.

Masken zum Selbermachen

Trauben-Power gegen fettige Haut

Du brauchst: 6 Trauben, 1 Teelöffel Honig, 1 Teelöffel Tagescreme

So geht's: Den Saft der Trauben mit einem Mörser in einem Schüsselchen ausdrücken. Saft durch ein Sieb geben und mit dem Honig und der Tagescreme verrühren. Auf das Gesicht auftragen und 15 Minuten lang einwirken lassen. Mit lauwarmem Wasser abspülen.

So wirkt's: Traubensaft ist wie ein sanfter Schutzmantel für die Haut. Honig enthält Zucker, der überschüssige Feuchtigkeit bindet. Außerdem pusht Honig die Durchblutung für eine porentiefe Reinigung.

Avocado-Power gegen trockene Haut

Du brauchst: 1 Avocado, 1 Teelöffel flüssiger Honig, 1 Teelöffel Hamameliswasser (aus der Apotheke), 1 Teelöffel Apfelessig, 1 Eigelb, 3 Esslöffel Olivenöl.

So geht's: Avocado mit einem Messer teilen und das Fruchtfleisch einer Hälfte mit einem Teelöffel herausschälen. Mit dem Honig mischen und das Hamameliswasser sowie den Apfelessig unterrühren. Eigelb mit einer Gabel schaumig schlagen und in die Masse einrühren. Nach und nach Olivenöl zugeben und zum Schluss mit dem Handrührgerät kurz aufschlagen. Auftragen, 15 Minuten einwirken lassen und mit viel lauwarmem Wasser abwaschen.

So wirkt's: Avocados schützen die Haut wegen ihrer reichhaltigen Öle vor dem Austrocknen. Der milde Frucht-Extrakt ist perfekt für die Pflege von empfindlicher Haut. Hamamelis wirkt ausgleichend auf den Säureschutzmantel und macht die Haut widerstandsfähig gegen negative Umwelteinflüsse wie trockene Heizungsluft oder starke Ozonbelastung im Sommer.

Mix it – bei Mischhaut

Neigt deine Haut zu öligen, fettigen Partien auf der T-Zone und trockeneren Stellen im Wangenbereich, mischst du dir einfach beide Masken und trägst sie je nach Bedarf auf die entsprechenden Hautstellen auf.

Kosmetikstudio Küche

Natürlich-schön pflegen kannst du dich mit einem Blick in den Kühlschrank. Obst, Gemüse und Honig sind wahre Wundermittel in Sachen Beauty.
Hier erfährst du, warum diese Köstlichkeiten als Basics der auf den vorhergehenden Seiten beschriebenen Rezepte oder auch solo aufgetragen Wunder wirken.

✻ **Avocados:** pflegen empfindliche Haut streichelzart und schützen vor dem Austrocknen.

✻ **Aprikosen:** sorgen für ein feineres Hautbild und lindern Knitterfältchen. Perfekt für trockene Hautpartien.

Top Tipps für Vitamin-Power

Hartfaseriges Gemüse wie Möhren, Kürbis und Co
immer klein stampfen oder pürieren, damit Vita-
min A besser freigegeben wird.

Ein paar Tropfen Sonnenblumen- oder Olivenöl
zu Rohkost und Gemüse machen den Vitaminen
Dampf, um schnell in die Zellen zu gelangen.

Sport und Stress erhöhen den Vitamin-Bedarf.
Verwende Vollkornprodukte, denn Vitamine
verstecken sich am liebsten in Keimlingen
und Schalen von Getreide.

Vitamine – allen voran B5 (in
Hering, Vollkornprodukten und
verschiedenen Kohlsorten) –
machen nicht nur schön,
sondern auch fit und
schlank, weil sie die
Fettverbrennung
ankurbeln.

PARTY-ALARM

Die Fete des Jahres steht vor der Tür oder du hast endlich ein Date mit deinem Schwarm – und ausgerechnet jetzt sprießt ein fieser Pickel, nerven Augenränder, verrät ein fleckiger Teint deine Nervosität oder die Haare machen einfach schlapp. Kein Grund, sich die Laune verderben zu lassen, denn mit dieser Hitliste der Quick-Tipps für einen schönen Teint und eine tolle Frisur kann zumindest optisch nichts danebengehen.

Quick-Tipps für gutes Aussehen

Total nervös? Erste Hilfe gegen **hektische Flecken** verspricht ein Wattepad, das du in kaltes Wasser mit einem Schuss Essig tauchst und rote Stellen damit abtupfst.

Pickel-Wunder: Mit einem Spritzer Augentropfen gegen Bindehautentzündung verschwinden Pickel-Rötungen auf der Stelle. Wirkt auch Wunder: Zahncreme auf entstehende Pickel tupfen – das trocknet sie blitzschnell aus.

In Deckung gehen **Augenschatten** mit Hilfe von hellblauem Lidschatten. Einfach mit Tagescreme mischen und unter den Augen einklopfen. Anschließend Make-up auftragen.

Eine Abreibung erhält ein **blasser, müder Teint** mit Zitrus-Power. Gesicht mit einer frischen Zitronenscheibe abtupfen.

Schluss mit **Schwitzehänden** macht ein Bad in Salbeitee. Hände eine Viertelstunde darin eingetaucht lassen.

Fettiger Haaransatz und keine Zeit mehr zum Waschen? Wie eine frische Spritztour wirkt Shampoo und Wasser, das du zu gleichen Teilen in einem Zerstäuber mischst. Auf den Haaransatz aufsprühen, einmassieren, auswaschen, fertig!

Gegen **geschwollene Augen:** Wattepads mit kalter Milch tränken und auf den geschlossenen Lidern fünf Minuten einwirken lassen.

Verlockend: Für richtig **schöne Wellen** in wuscheliger Naturkrause Haare vor dem Baden in Strähnen auf Kosmetiktücher rollen. Der warme Wasserdampf formt ganz fix die Frisur. Vor dem Ausrollen noch kurz drüberföhnen.

Auf die Schnelle **strahlende Augen** bekommst du mit einem pearligen Lippenpflegestift, den du einfach auf die Lider tupfst.

Für **Fülle in schlappen Mähnen** sorgt eine mittelstarke Zahnbürste, mit der du Strähne für Strähne locker aufbauschst.

WELLNESS FÜR BODY & SOUL

So tankst du auf

Ein Rundum-Wohlfühl-
Programm für zu Hause sorgt
nicht nur für eine glückliche
Ausstrahlung, sondern auch für innere
Ausgeglichenheit. Und es tut einfach gut,
die Seele baumeln zu lassen. Probier es
doch mal aus! Wie, das steht in
diesem Kapitel.

GLÜCKSBRINGER FÜR NASE, AUG UND OHREN

Die Balance zwischen Body und Soul ist einer der wichtigsten Garanten für ein gesundes Selbstbewusstsein, das jeder sieht. Manchmal genügt schon eine kurze Auszeit, um einem angeknacksten Ego oder Körpergefühl wieder auf die Sprünge zu helfen. Mit ganz einfachen Mitteln kannst du ein perfektes Ambiente schaffen, damit deine Seele mal so richtig durchatmen kann. Dabei helfen dir alle Sinne.

Fit durch Farben

Alles schwarz malen, bei Panik rotsehen oder die ganze Welt verliebt durch eine rosarote Brille betrachten – ganz klar, Farben sind echte Stimmungsmacher und beeinflussen unsere Gefühle. Das kannst du auch dir und deinem Selbstbewusstsein zu Nutze machen. Mit den Farben Orange, Rot, Gelb und Violett gibst du ganz bewusst den Ton für eine Top-Ausstrahlung an.

Orange

Orange wirkt spritzig, lebendig und sorgt trotzdem für eine warme, gefühlvolle Ausstrahlung. Perfekt gegen schlechte Laune und Schlappheit wirkt orangefarbenes Licht in deinem Zimmer. Setzt du bei deinem Look auf Orange, strahlst du auf andere Ruhe aus, wirkst offen und zuverlässig. Ein orangefarbenes Outfit sorgt außerdem dafür, dass dir niemand Nervosität oder Unsicherheit auf den ersten Blick ansieht.

Rot

Rot ist das Signal für Liebe und Leidenschaft. Diese Farbe bringt außerdem den Kreislauf in Schwung und fördert die Durchblutung. Ein rot geschminkter Kussmund, Accessoires oder Outfits in Rot signalisieren: Du bist hellwach und voller Energie.

Gelb

Gute Laune und Lebensfreude pur, dafür steht Gelb. Wenn du wie ein Sonnenschein wirken und so richtig freundlich rüberkommen willst, ist Gelb deine Farbe. Super gegen Müdigkeit und Niedergeschlagenheit wirkt deshalb auch ein Spaziergang in der Sonne. Gelbe Bettwäsche oder gelbe Blumen bringen ebenfalls Licht in graue Tage. Ganz trendy: In coolen Sonnenbrillen mit gelben Gläsern tauchst du gleich die ganze Welt in die Happy-Farbe.

Violett

Violett ist der ausgeglichene Mix aus heißem Rot und kühlem Blau. Kuscheln mit einem violetten Couchkissen kann dich deshalb gleichzeitig beleben und beruhigen. Ein Brief auf violettem Papier wirkt harmonisch und liebevoll. Ein violettes Top wirkt nach außen wie ein Energy-Booster und lässt Unsicherheiten unter der Power-Farbe einfach verschwinden.

Eine Reise für die Sinne

Niedergeschlagen, schlecht gelaunt, ausgepowert und alles in allem reif für die Insel? Aber leider ist der nächste Urlaub noch weit entfernt. Dann tricks deine Psyche aus und schick sie in die Ferien. So wirst du schnell wieder putzmunter:

Baden statt Beach: Ab in die Wanne und in einem wohligen Bad mit Meersalz (Drogeriemarkt) von den Ferien träumen.

Sonnenfeelings: Statt normaler Bodylotion nach der Dusche einfach mit Sonnenmilch eincremen und danach ab auf die Couch, um mit den Urlaubsbildern in schönen Erinnerungen zu schwelgen.

Happiness zum Hören: Leg doch mal wieder die CD mit den angesagtesten Urlaubssongs auf und tanz deine schlechte Laune einfach weg. Auch super: Hol dir die Klänge deines Lieblingsurlaubslandes einfach nach Hause. Musik aus allen Teilen der Welt gibt es in jedem CD-Shop und in den Wellness-Regalen zahlreicher Drogeriemärkte.

Immer der Nase nach

Den richtigen Riecher für ein gesundes Selbstwertgefühl, Ausgeglichenheit und Body-Balance beweisen
schlaue Mädchen mit einem Schnupperkurs. Denn
die Nase ist der direkte Wegweiser in die gute
Laune.

Ein paar Tropfen eines Aromatherapie-Öls in
der Duftlampe oder in getrockneter Form als
Badezusatz können fürs Wohlbefinden wahre
Wunder wirken. Verantwortlich dafür ist der
direkte Draht von etwa zehn Millionen Riech-
zellen in der Nase zum limbischen System im
Gehirn. Hier sitzt die menschliche Glückszen-
trale, die bei der Wahrnehmung bestimmter
Gerüche gute Gefühle auslöst. Das wussten
die Menschen sogar schon zur Zeit der alten
Hochkulturen in Griechenland oder Ägypten,
wo man sich mit Pflanzenessenzen einbalsa-
mierte und diese zur Heilung von Krankhei-
ten verwendete. Pflanzenpower kannst du
auch für deine Psyche einsetzen, denn gegen
beinahe jede Art von »Unwohlsein« ist ein
Kraut gewachsen.

„Dufte Verbindung

Ätherische Öle wirken in Duftlampe und Badewasser.
Für die Duftlampe gilt: drei bis vier Tropfen in die
mit Wasser gefüllte Duftschale geben. Für ein Vollbad
100 Gramm der getrockneten Blüten in einem Liter
Wasser aufkochen, fünf bis zehn Minuten ziehen
lassen und dann ins Badewasser gießen. Öle und
getrocknete Blüten kannst du in Apotheken, Drogerie-
märkten und Reformhäusern kaufen.

Lavendel

Die getrockneten Blüten des duftenden Mittelmeer-Strauchs vertreiben nicht nur Plagegeister wie Motten, sondern auch Stress. Lavendelduft wirkt wie ein natürliches Doping, wenn deine Höchstleistung beim Lernen gefordert ist. Im Wohlfühlbad entspannt es und befreit von Stresskopfschmerzen.

Bergamotte

Panik vor dem Referat in der Schule, Lampenfieber vor dem Auftritt mit der Theatergruppe, Angst vorm ersten Date? Dann hilft der Stimmungsaufheller Bergamotte. Praktisch: Als Gesichtskompresse (ein bis zwei Tropfen auf ein angefeuchtetes Wattepad) putzt Bergamotte nicht nur die Seele aus, sondern wirkt auch entzündungshemmend bei Akne.

Ylang-Ylang

Asien-Power für Verliebte. Ylang-Ylang gilt als ero-
tisierender Duft und ist oft Bestandteil von Parfums.
Gemischt mit Bergamotte und Zitrone in der Duftlampe sorgt Ylang-Ylang für entspannende, angeneh-
me Vibrations bei dir und deinem Schwarm, wenn er
dich das erste Mal zu Hause besucht.

Orange

Frühlingsgefühle selbst im Winter verschaffst du
dir mit Orangenduft. Wenn du gerade kein Öl zur
Hand hast, einfach an der Innenseite der Schale einer
Orange schnuppern oder damit die Schläfen und
Handgelenke einreiben.

Lemongras

Der Muntermacher unter den Düften bringt dich richtig in Laune für Action mit der Clique. Die anregen-
de Wirkung des Zitrusduftes kannst du auch perfekt
vor einer Klassenarbeit einsetzen, indem du einfach
an einem mit Lemongras beträufelten Taschentuch
schnüffelst.

WOHLFÜHL-FORMEL H₂O

Ab und zu einen Wellness-Tag zu Hause einlegen und in der Badewanne schwelgen wirkt wie eine prickelnde Erfrischung für ein angeknackstes Selbstwertgefühl und vertreibt dunkle Sorgenwolken im Nu. Am meisten Spaß macht das mit der besten Freundin. Gemeinsam über Gott und die Welt quatschen, Probleme wälzen und dabei noch das eine oder andere Wohlfühl-Rezept für neue Psycho-Power ausprobieren muss dabei nicht mal Geld kosten.

Waterpower

Wasser gilt nicht umsonst als Lebenselixier. Hier sind die Fakten für das frische Nass:

✳ Unser Körper besteht zu 70 Prozent aus Wasser.

* Wasser hält alle lebenswichtigen Funktionen aufrecht.

* Zwei Drittel der Flüssigkeitsmenge unseres Körpers befinden sich in den Zellen. Der Rest fließt als Blut und Lymphe durch den Organismus und sorgt für Nährstoffe oder den Abtransport von Schadstoffen.

* Bereits bei einem Flüssigkeitsverlust von zwei Prozent sinkt die Leistungsfähigkeit um ein Zehntel. Verliert man vier Prozent Flüssigkeit, ist man sogar nur noch halb so leistungsfähig.

* Mindestens zwei Liter an Flüssigkeit braucht der Körper über den Tag verteilt. Im Sommer oder nach einem ausgiebigen Fitnessprogramm ist es auch erlaubt, »einen über den Durst« zu trinken.

* Mineralwasser oder ungesüßte Tees sind die besten Durstlöscher.

* Auch Obst und Gemüse sind gute Wasserlieferanten. Papayas und Erdbeeren enthalten knapp 89 Prozent Wasser. Gurken (97 Prozent), Chinakohl (95 Prozent) und Kopfsalat (95 Prozent) führen die Hitliste der grünen Wasserspender an.

Glücksraum Badezimmer

Lust auf Plantschen? Ganz in deinem Element bist du, wenn du mit deiner Freundin ein Bad nimmst und diese Wohlfühl-Tipps ausprobierst:

Im Whirlpool Probleme wälzen

Ab in die Wanne: Statt am Telefon zu quatschen, geht doch lieber zu zweit auf Wohlfühl-Tauchstation. Perfekt plaudern lässt es sich in der heimischen Badewanne, die du ganz locker in einen Wellness-Whirlpool verwandeln kannst. Einfach eine prickelnde »Badebombe« (in Kaufhäusern, ab 2 Euro) ins Wasser geben und die gute Laune sprudelt wieder wie von selbst.

Shower-Power

Für ein angeschlagenes Immunsystem oder wenn eine Erkältung die Stimmung drückt, einfach gegenseitig unter der Dusche mit lauwarmem Wasser fünf Minuten abspritzen. Danach 15 Sekunden mit eiskaltem Wasser, dann wieder drei Minuten mit warmem Wasser und zum Schluss wieder eisig. So zeigst du jeder Grippe schnell die kalte Schulter.

Rubbel-Kur

Mit einem Luffa-Handschuh oder einer Badebürste könnt ihr euch gegenseitig den Rücken abrubbeln. Damit werden nicht nur abgestorbene Hautschüppchen entfernt, sondern der Kreislauf kommt auch richtig in Schwung. So wirst du putzmunter und tankst Energie für alles, was du dir vorgenommen hast.

Balsam für die Seele

Fernöstlicher Entspannungshit: Aus der traditionellen Ayurveda-Medizin kommt die Massage mit warmem Sesamöl (zu kaufen in gut sortierten Supermärkten oder im Asia-Shop) als Finish eines wohligen Bades. Sesamöl auf Körperwärme (37 Grad) erhitzen und den Body von Kopf bis Fuß damit einreiben. Relaxt und streichelt jeden Durchhänger einfach weg.

Fußfit

Keine kalten Füße musst du bekommen, weil am Abend nach deinem Wellness-Tag noch die Party mit deinem Schwarm lockt. Einfach ein paar Minuten mit den Füßen in einer Schüssel mit lauwarmem Wasser feste treten und damit Stress und Panik einfach in Grund und Boden stampfen.

Ein Entspannungswunder ist auch eine Fußmassage

von der besten Freundin. Kuschle dich auf die Couch, während sie mit sanftem Druck deine Fußsohlen bearbeitet. Selbst so eine Mini-Massage gilt als Streicheleinheit für die Seele, denn sie setzt im Körper das Hormon Oxytocin frei, das Stress und Angst mindert. Wichtig: Entscheidend für den Erfolg einer Massage ist die Reizhäufigkeit von 40 Berührungen in der Minute. Das hat zumindest die Stockholmer Berührungsforscherin Kerstin Unväs-Moberg herausgefunden.

Nasser Schönmacher

Wasser macht nicht nur Laune, sondern auch schön.
Probier es doch einfach mal aus!

Frische-Flash für Haut und Haare

Auch äußerlich muntert dich Wasser schnell auf.
Schlappe Mähnen kommen mit einer Mineralwasser-
spülung wieder in Schwung. Einfach einen Liter über
die frisch gewaschenen Haare gießen und auf der
Kopfhaut kurz einmassieren.

Sich kaltes Wasser ins Gesicht klatschen sorgt für einen rosigen Teint und wirkt als idealer »Durstlöscher«
bei trockener Gesichtshaut.

Abreibung für Orangenhaut

Fiese Cellulite-Dellen auf den Oberschenkeln bekommst mit einem Cool-Pack aus dem Kühlschrank
schnell in den Griff. Haut nach dem Duschen fünf
Minuten abreiben. Der Kälte-Kick funktioniert auch
mit Eiswürfeln, die du in ein Handtuch wickelst.

FITNESS FÜR DEIN FEELING

Sport ist nicht nur perfekt, um den Body in Form zu bringen. Auch deine Psyche ist schnell topfit, weil Bewegung für die Freisetzung von Glückshormonen sorgt. Das Kräftemessen beim Volleyballspielen mit Freunden oder wildes Herumtoben im Freibad kann so richtig Laune machen. Aber auch Einzelkämpfer können mit Sport abschalten und Stress abbauen.

Damit du im Dschungel der Fitness-techniken zurechtkommst und dein persönliches Power-Programm findest, verrät dir der Test auf der nächsten Seite, welcher Fitnesstyp du bist.

Welcher Sport tut dir gut?

Beantworte die Fragen und lies unter der Auswertung nach, welcher Sport für dich die Nummer eins ist.

1 Sportunterricht in der Schule bedeutet für dich ...
A ... eine willkommene Abwechslung.
B ... noch so ein Fach, wo man benotet wird.
C ... vor allem Spaß und dabei auch mal in Ruhe mit den Freundinnen quatschen können.

2 Hinter dem Begriff Qi-Gong steckt ...
A ... vermutlich so was Langweiliges wie Yoga.
B ... eine asiatische Entspannungstechnik.
C ... ein chinesisches Glockenspiel.

3 Unter einem Traumurlaub verstehst du ...
A ... Flirten, Action und Fun am Strand.
B ... jede Menge cooler Animation mit Aqua-Gym, Beach-Volleyball und Wasserski-fahren.
C ... Relaxen am Strand.

4 Welche Sportart macht dir am meisten Spaß oder könnte dich am ehesten begeistern?
A Speed-Schwimmen
B Power-Jogging und Inline-Skaten
C Biken oder Walken

5 Wenn du Sport treibst, willst du dich ...
A ... richtig auspowern und Stress abbauen.
B ... in Form bringen.
C ... entspannen.

Auswertung

Gib dir für jede A-Antwort einen Punkt, für jede B-Antwort drei Punkte und für jede C-Antwort fünf Punkte. Zähle die Punkte zusammen und du findest dein persönliches Test-Ergebnis unter der errechneten Punktzahl.

5 bis 11 Punkte

Du gehörst zu den Quicksteppern unter den Sportlern. Bei dir sollte alles schnell und effektiv funktionieren. Ganz fix was für die Figur und die Fitness tun, ist dein Prinzip. Mit Sportarten wie regelmäßigem Joggen oder Walken kommst du deshalb überhaupt nicht klar, weil für dich wichtig ist, dass du nach deinem persönlichen Trainingsprogramm spürst, dass du etwas für dich und deinen Körper getan hast. Am besten fließt dabei der Schweiß in Strömen und jeder Muskel meldet schmerzhaft sein Vorhandensein. Perfekt für dich ist deshalb eine Mitgliedschaft in einem Turnverein oder einem Fitnessstudio, wo du dich bei Power-Aerobic oder Spin-Wheeling (schnelles Radfahren nach noch schnellerer Musik) so richtig austoben kannst.

12 bis 18 Punkte

Ausdauer und Disziplin gehören für dich beim Sport genauso dazu wie das Müsli zum Frühstück. Du bist ein echter Langstreckler und ziehst deshalb auch gnadenlos dein Jogging-Programm durch, skatest bist zum Abwinken oder fährst Fahrrad, bis die Waden puddingweich sind. Ganz wichtig für dich: Du musst raus an die frische Luft, um dich fit zu halten. Wenn das Wetter dir einen Strich durch die Rechnung macht, bau einfach mal dein Zimmer zum Fitnessstudio um und turn dir am Schreibtisch, Sessel oder auf der Couch die Muskeln müde. Super für Langstreckler sind Hometrainer oder Mini-Trampolins, auf denen du dich zwischendurch auspowern kannst und dabei nicht einmal deine Lieblingssoap im Fernsehen verpassen musst.

19 bis 25 Punkte

Okay, eine richtige Sportskanone wird aus dir wohl nie werden. Aber das willst du auch gar nicht. Was du brauchst, sind effektive Fitnessübungen, die dir keine Zeit rauben für all die Dinge, die du viel lieber machst. Um trotzdem in Topform zu bleiben, ist Power-Walking für dich echt ideal. Wenn du einen schnellen Spaziergang sogar noch mit einem guten Gespräch mit deiner besten Freundin verbinden kannst, bist du ohnehin in Höchstform. Perfekt für dich sind aber auch kleine Übungen, die du zu Hause ganz nebenbei mal machen kannst und die dich trotzdem mit neuer Energie versorgen. Abgesehen davon bist du ein echtes Sommerkind und liebst ausgelassenes Toben im Schwimmbad mit deiner Clique: Weil du so überhaupt nicht merkst, dass du neben dem Spaß auch deinen Body mit einer Extraportion Bewegung versorgst. Tipp: Auch im Winter öfter ins Schwimmbad gehen!

Depri-Killer Sport

Regelmäßige sportliche Betätigung ist ein wirksames Mittel gegen Durchhänger. Das hat eine Studie von US-Wissenschaftlern ergeben. Darin bewiesen sie, dass eine Gruppe von Menschen, die an Depressionen erkrankt waren und dreimal in der Woche Sport machten, langfristig auf ihre Medikamente verzichten konnten. Zusätzlich ist erwiesen, dass bei regelmäßiger Bewegung Glückshormone, die Endorphine, freigesetzt werden. Das in den Endorphinen enthaltene Morphin macht dich dabei cool gegenüber Stress und Sorgen, weil es die Körpertemperatur senkt und das Schmerzempfinden herabsetzt.

Gute-Laune-Gymnastik

Den Body sanft straffen und dabei eine Extraportion Energie tanken – das funktioniert auch mit Fitnessübungen ganz auf die Schnelle. Aus der asiatischen Lehre der Chakren (übersetzt: Energiewirbel) stammt die Weisheit, ganz bestimmte, über den Körper verteilte Energiezentren mit Bewegung anzuregen. Dadurch kommt der Energiefluss wieder in Gang. Organe und Körperfunktionen werden positiv beeinflusst, so die Lehre.
Hier findest du die besten Übungen, die dich ganz fix fit machen.

Power-Pinsel

Startposition: Aufrecht auf die Zehenspitzen stellen, tief einatmen und die rechte Hand nach oben ausstrecken, die linke Hand auf den Oberschenkel legen.
Übung: Stell dir vor, du willst die Wand in deinem Zimmer streichen. Bewege zunächst den rechten Arm von oben ganz langsam zum Fußboden, wobei du immer tiefer in die Knie gehst. Der Rücken bleibt dabei gerade. Deine Augen folgen konzentriert der Bewegung. Rechts und links je fünf Wiederholungen.

Vogelwild

Startposition: Mit seitlich ausgestreckten Armen und hüftbreit gegrätschten Beinen hinstellen. Kopf in den Nacken legen.
Übung: Arme langsam über den Kopf nach hinten bewegen, ohne dabei ins Hohlkreuz zu fallen. Arme nach unten fallen lassen und nach vorne schwingen, bis sich die Handflächen überkreuzen. Kopf dabei nach vorne Richtung Brustbein senken. Zehnmal wiederholen.

Dance-Babe

Ausgangsstellung: Po und Bauchmuskeln anspannen und Beine hüftbreit grätschen. Hände in der Taille abstützen. Linken Fuß auf die Zehenspitzen stellen.
Übung: Mit dem Becken nach links fünf große Kreisel drehen. Mit der rechten Seite wiederholen. Vorsicht: Bei der Übung darauf achten, dass sich nur das Becken dreht und nicht der Oberkörper. Fünf Wiederholungen pro Seite.

BAUCH-FEELING

Aus dem Bauch heraus entscheiden ist mehr als
nur eine Redensart und gehört zu selbstbewuss-
tem Handeln wie der Ketschup zu den Pommes.
US-Wissenschaftler haben entdeckt, dass sich
in unserem Verdauungsapparat eine Menge
mehr abspielt als nur die Nahrung in Energie-
lieferanten für unsere Körperzellen zu verwandeln. Mit dem richtigen Bauchgefühl kommen
auch Body & Brain in Bestform, weil sich in
der Magengegend ein konzentriertes Nerven-
zellen-Netzwerk befindet. Als Bauchhirn
arbeitet es wie eine zweite, kleine Schalt-
zentrale für unseren Körper.

Kein Wunder, dass Mädchen, wenn sie der
Kummer quält, über Bauchweh klagen. Ganz
einfach, weil jede seelische Belastung das
Zusammenspiel zwischen Bauch und Body
stört. Dass dies nicht zum alltäglichen
Balanceakt wird, dafür sorgt ein kleines
Psychotraining für den Bauch.

Bauchfit

Stress wegtrommeln
Entspannt hinstellen, Augen schließen, tief
einatmen. Zwei Finger der linken Hand auf
das Brustbein legen, zwei Finger der rechten
Hand unterhalb des Brustbeins platzieren.
Jetzt mit den Fingern feste für 20 Sekunden los-
trommeln. Das aktiviert die so genannte Thy-
musdrüse, die für die Ausschüttung von Wohl-
fühlhormonen verantwortlich ist.
Super Relax-Effekt: Der Kalziumspiegel im Blut
steigt an, du fühlst dich entspannt und beruhigt.

Am Drücker der guten Gefühle

Auf dein Bett oder eine Fitnessmatte legen, die Augen schließen und die Fingerspitzen auf den Bauchnabel legen. Tief einatmen und dann für zwei Sekunden Finger andrücken, loslassen, ausatmen. 20-mal wiederholen. Bei dieser Übung regst du das Energiezentrum an, das direkt über dem Bauchnabel liegt.

Genial: Auf Fingerdruck pushst du deinen Körper für konzentriertes Arbeiten auf Höchstform und entspannst gleichzeitig deine Nerven. Ideal vor Klassenarbeiten, Referaten oder dem Date mit deinem Schwarm.

Abreibung

Am besten gleich morgens nach dem Aufstehen: mit
einem Frotteehandschuh in kreisenden Bewegungen
um den Bauchnabel herum die Haut richtig durch-
rubbeln. Fördert die Durchblutung und weckt die
Lebensgeister deines Energiezentrums im Bauch.
Positiv: Die Rubbelkur wirkt wie ein Kick für
den Stoffwechsel und bringen deine bodyeige-
nen Fitness-Hormone richtig auf Touren.

Happy Food

Dass Schokolade ein echter Seelentröster ist,
eine Tüte Chips so manche Trübsal in die
Flucht schlägt, die Familienbox Eiscreme
wieder cool macht und Gummibärchen keinen Kummer weitererzählen, weil du sie
samt Sorgen einfach runterschluckst, ist bekannt. Wenn nach der Kalorien- und Zu-
ckerschlacht sich nur nicht das schlechte
Gewissen melden und spätestens bei einem
Blick auf die Waage die Laune noch mehr in
den Keller rauschen würde. Schluss damit,
denn Happiness kannst du auch ganz gesund
essen. Die Gesellschaft für Ernährungs-
medizin und Diätik in Aachen hat bewiesen,
dass vor allem kohlenhydratreiche Lebensmittel voller Wohlfühlgenüsse stecken und
Stimmungstiefs aufhellen.

Exoten mit Psycho-Power

Wenn du an dir selbst zweifelst und mies drauf bist, heißt es hier zugreifen: Exotische Früchte wie Bananen, Feigen, Papayas, Ananas und Avocados stecken prallvoll mit bioaktiven Substanzen, Vitaminen und Mineralstoffen, die auf einen Biss die gute Laune gleich mitliefern. Der Trick: Die Exoten enthalten den Botenstoff Serotonin, den Auslöser guter Gefühle.

Damit knackst du jede harte Nuss

Wenn Kummer und Sorgen an dir nagen, ist Naschen erlaubt. Cashewkerne, Paranüsse und die gute alte Haselnuss enthalten die Aminosäure Tryptophan, die im Gehirn ganz auf happy schaltet.

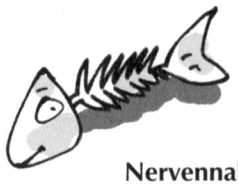

Nervennahrung

Zusätzlich zu Botenstoffen sorgen auch die B-Vitamine für beste Laune. Auf deinen Speiseplan der guten Gefühle solltest du deshalb folgende Lebensmittel setzen:

* Fisch
* Mageres Fleisch
* Milch
* Käse
* Quark
* Geflügel

Tipp: Diese Infos überzeugen mit Sicherheit deine Eltern. Denn egal, ob deine Mutter oder dein Vater die Kochmütze aufhat, sie wollen garantiert auch fit für die Familie oder den Job sein.

Stimmungseinheizer Hot Chocolate

Perfekt gegen jeden Psycho- und Body-Blues wirkt heiße Schokolade mit einem scharfen Schuss Chili-Power.

Zutaten für zwei kleine Tassen: 300 ml Milch, 15 g ungesüßten Kakao, 1 rote Chilischote, 2 Esslöffel Honig, 1 Esslöffel Mandelmus (aus dem Reformhaus).

So geht's: Milch erhitzen und Kakaopulver mit dem Schneebesen einrühren, bis es sich aufgelöst hat. Chilischote halbieren, entkernen und eine Hälfte in feine Streifen schneiden. Die Streifen mit Honig und Mandelmus zum Kakao geben und kurz verrühren. Kakao durch ein Sieb in große Tassen geben, fertig.

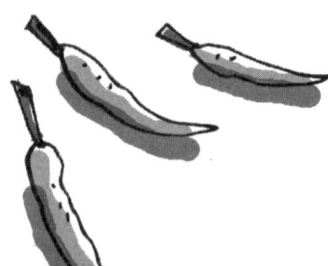

Chili-Power

Der kleine rote Alleskönner macht in puncto guter Laune richtig scharf. Capsaicin heißt der Wunderstoff, der in den frechen Schoten steckt und den Stoffwechsel richtig auf Touren bringt. Und nebenbei ersetzt ein Chili-Drink oder eine heiße Chilisuppe bei Erkältungen den Hustensaft. Tipp: Wer es nicht ganz so hitzig mag, entfernt einfach die Kerne. Damit sind der Feuerschote die Reißzähne gezogen.

Beeren-Kräfte

Heidelbeeren gelten als echte Kraft-Kügelchen, die knackvoll mit der Gute-Laune-Aminosäure Tryptophan stecken. Erfrischender Fitmacher ist ein Heidelbeer-Drink mit Molke und Joghurt.

Zutaten: 250 ml Molke, 150 g Naturjoghurt, 100 g Heidelbeeren.

So geht's: Molke und Naturjoghurt miteinander verrühren, die Beeren unterheben und im Mixer fein pürieren.

DER SCHNELLSTE WEG ZUM EGO

Selbstbewusstsein lernen

Wer sich wohl in seiner Haut fühlt, muss nicht gleich überschnappen und sich für die Schlauste, die Schönste oder die Coolste halten. Aber eine gesunde Portion Selbstbewusstsein gehört dazu, um gut drauf zu sein. Wie du deine Unsicherheiten in den Griff bekommst, erfährst du in diesem Kapitel.

NIE MEHR SCHÜCHTERN!

Manchmal steckt hinter einem mangelnden Selbstwertgefühl gar nicht, dass man unter nagenden Selbstzweifeln leidet oder mit seinem Ego nicht im Reinen ist. Oft ist einzig und allein der Stress mit der Schüchternheit schuld, warum ein Mädchen sich nicht traut seinen Schwarm anzuquatschen oder seine eigene Meinung in der Klasse zu sagen. Dabei haben Schüchterne meist gar keinen Grund, sich zu verstecken.

Damit du dein positives Körperfeeling auch nach außen zeigen kannst, hilft dir ein kleines Anti-schüchtern-Training – ganz nach dem Motto »Learning by Doing«. Probier es doch einfach mal aus.

Psycho-Highlights für Schüchterne

Von wegen graue Maus: Auch wenn du nicht als Party-Queen rüberkommst und deine Clique ständig mit atemberaubenden Action-Ideen verwöhnst, gehst du noch lange nicht als No-Name unter. Psychologen haben bewiesen, dass schüchterne Menschen bei ihrem Gegenüber besser ankommen, als auf den ersten Blick deutlich wird. Schüchterne Menschen gelten als selbstkritisch und eher bereit, ihr Gegenüber ernst zu nehmen. Dadurch wirken sie freundlich und intelligent.

Schluss mit schüchtern

Wer sich nicht traut, macht auch keine schlechten Erfahrungen. – Leider ist es so einfach nicht, denn wer immer die Begegnung mit Fremden vermeidet, nie auf andere zugeht oder zu seiner Meinung steht, erfährt auch nicht, dass Konfrontationen aller Art gar nicht so schlimm sind.

Hier ist dein persönlicher Trainingsplan und dabei geht es wie bei einer sportlichen Übung natürlich ganz soft los:

1. Entscheide dich zunächst für ein Outfit, in dem du dich absolut wohl fühlst. Und dann heißt es: raus an die frische Luft zu einem Bummel durch die Straßen in dem Viertel, in dem du wohnst. Dabei grüßt du alle Leute, die dir irgendwie bekannt vorkommen. Das können der Briefträger sein, die Nachbarn, der Müllmann und überhaupt jeder, der dir irgendwann schon einmal über den Weg gelaufen ist. Dabei rennst du nicht einfach mit gesenktem Kopf an ihnen vorbei und murmelst ein leises »Guten Tag«, sondern schaust ihnen direkt in die Augen, lächelst sie an und sagst deutlich: »Einen schönen guten Tag wünsche ich Ihnen.« Begegnest du bei deinem Rundgang auf dem Weg raus aus der Schüchternheit einer Person ein zweites Mal, können Fortgeschrittene sich an die Kunst des Smalltalks ranwagen. Sprich die Nachbarin mit ein paar Worten über das Wetter an (»Endlich mal kein Regen mehr!« Oder: »Heute wird es bestimmt schön warm.«) oder sag dem Briefträger, dass deine Freunde dir leider keine Post mehr schicken, sondern nur noch E-Mails.

Hast du die erste Personality-Prüfung bestanden, folgt Schritt zwei.

2. Geh auf den Sportplatz, in den Supermarkt oder in ein Einkaufszentrum und grüße zehn Menschen, die dir absolut fremd sind, mit einem freundlichen »Guten Tag« oder »Hallo« und einem netten Lächeln auf den Lippen. Vielleicht wirst du gefragt, warum du grüßt. Jetzt bloß nicht entschuldigen, sondern einfach antworten, dass du eben gut drauf bist und nett sein willst. Hast du das gemeistert, kannst du zur nächsten Schwierigkeitsstufe übergehen.

3. Ab sofort grüßt du alle Menschen, die du von irgendwoher kennst. Such dir außerdem fünf Personen aus, mit denen du ein Gespräch beginnst. Das kann das Mädchen aus der Parallelklasse sein, die du schon immer fragen wolltest, wo sie ihre coolen Jeans kauft. Oder der Junge auf der Skaterbahn, von dem du wissen willst, wie lange man üben muss, um seine Jumps auch so hinzubekommen. Oder ganz einfach auch die Bäckersfrau, die du fragst, wie viele Brotsorten sie eigentlich verkauft. Zeig echtes Interesse und verabschiede dich nach deiner ersten Smalltalk-Meisterleistung mit einem freundlichen »Ciao«, »Tschüss« oder »Auf Wiedersehen«.

4. Jetzt ziehst du deinen Telefonjoker. Denn wenn es normalerweise deine Mutter oder Freundin ist, die du vorschickst, um Informationen am Telefon zu bekommen, hältst du ab sofort die Strippen selbst in der Hand. Ruf bei eurer Bücherei an und frag, ob du einen Buchtipp zu den Ureinwohnern Australiens bekommen könntest, da du in der Schule darüber ein Referat halten musst. Oder erkundige dich im Kino, ob es Gruppenrabatt gibt, wenn du mit fünf Freundinnen gleichzeitig den Film anschauen willst. Wichtig: Auch wenn du abgewimmelt wirst, entschuldige dich nicht für die Störung, sondern frag nach, ob du zu einem besseren Zeitpunkt anrufen kannst, um die Auskunft doch noch zu bekommen.

5. Geh in deine Lieblingsboutique und such dir ein Teil aus, das du von Herzen gerne hättest. Auch wenn der Inhalt deines Sparschweins eigentlich dafür ausreicht, um das gute Stück dein Eigen zu nennen, frag bei der Verkäuferin nach einem Preisnachlass. Lass dich auch nicht entmutigen, wenn sie behauptet, dass sie das nicht entscheiden darf. Bitte sie, den Geschäftsführer zu holen, und denk dir dabei eine Begründung aus, warum du nicht bereit bist, den regulären Preis zu zahlen. Zum Beispiel: »Es ist schon Februar und die anderen Wintersachen sind schon alle reduziert.«

6. Geh zur Hauptgeschäftszeit in den Supermarkt und wähle nur einen Artikel aus. An der Kassenschlange angekommen bittest du die Wartenden mit vollen Einkaufswagen freundlich, ob sie dich vorlassen könnten, weil du nur das eine Teil hast. Bis sie ihre Waren auf das Förderband packen, hättest du sicher schon längst bezahlt.

7. Bewaffne dich mit Notizblock und Stift und stell dich in die Fußgängerzone oder auf den Pausenhof deiner Schule. Sprich Passanten oder Mitschüler freundlich mit einem »Darf ich kurz mal stören?« an und behaupte, du startest eine Umfrage für die Schülerzeitung unter dem Titel: »Was machst du gegen schlechte Laune?«

Tipp:

Die Übungen musst du nicht der Reihe nach ausprobieren. Überleg dir zunächst, was für dich machbar erscheint, ohne dass du mit Herzklopfen und weichen Knien kurz vor der Ohnmacht bist. Wiederhole eine Übung ruhig, wenn du merkst, dass du noch ein bisschen Praxis auf dem Weg zu deiner starken Persönlichkeit benötigst, bevor du dich an die in deinen Augen nächstschwierigere Übung heranmachst.

Das Ziel: Je öfter du erfährst, dass dir niemand den Kopf abreißt, wenn du ihn ansprichst oder um etwas bittest, desto mehr stärkst du dein Ego auch nach außen. Selbst wenn die Angesprochenen mal nicht so nett oder gar abweisend reagieren, fühlst du dich trotzdem richtig klasse. Weil du es gewagt hast, über deinen eigenen Schatten zu springen und deine Selbsteinschätzung damit ins richtige Licht zu rücken.

Da musst du durch

Bewundernswert, diese Menschen, die jede noch so stressige Situation scheinbar lässig meistern, während du selbst am liebsten im Boden versinken würdest. Dabei kennen sie manchmal einfach nur die Tricks, mit denen sie keine Farbe bekennen müssen. Mit diesen Verhaltensregeln zur sanften Tour kommst du locker durch jede unangenehme Situation.

In der Schule

Die Mathestunde ist mal wieder superlangweilig und du steckst deshalb mitten in einem wunderschönen Tagtraum von deinem neuen Schwarm. Wie durch Wattebäuschchen hörst du plötzlich den Lehrer deinen Namen rufen. Geschockt nimmst du wahr, dass er ausgerechnet dich dazu auserkoren hat, an der Tafel zu beweisen, wie es um dein Formel-Wissen steht. Natürlich läufst du an wie eine rote Tomate.

Das hilft dir aus der Patsche: Bevor sich deine Mitschüler darüber amüsieren können, dass bei dir Alarmstufe rot herrscht, murmle einfach etwas, das ablenkt, zum Beispiel dass du schnell ein Taschentuch brauchst. Dann gehst du auf Tauchstation und kramst in deinem Rucksack nach einem Tempo. Dabei atmest du ein paarmal tief ein und aus, bis du wieder cool bist. Einfach Nase schnäuzen und dann ab nach vorne!

Zu Hause

Eigentlich wollten deine Eltern ja mal wieder ins Kino gehen und du nutzt den Abend natürlich aus, um mit deiner Freundin endlos zu quatschen. Weil du annimmst, dass dir niemand die Hölle heiß macht, weil du zwei Stunden später als eigentlich erlaubt nach Hause kommst. Pech, denn spätestens an der Haustür stellt sich heraus, dass das Kino ausverkauft war und deine Eltern wütend im Wohnzimmer auf dich warten.

Das hilft dir aus der Patsche: Auch wenn dir ein kesser Spruch bereits auf den Lippen liegt, weil deine Eltern mit ihrer Oberpünktlichkeit mal wieder nerven. Statt eine Ausrede zu erfinden, steh zu deinem Ausrutscher. Sag deinen Eltern, dass es dir Leid tut, weil sie sich sicher Sorgen gemacht haben. Dein Verständnis wird sie verblüffen und ihre Wut verraucht im Nu.

In der Clique

Heikel, heikel – in deiner Clique haben sich zwei Lager gebildet. Es herrscht Zoff und miese Stimmung. Und du stehst mitten drin und kannst dich nicht entscheiden, für welche Seite du mehr Sympathien empfindest.

Das hilft dir aus der Patsche: Du musst dich ja nicht gleich in die Mitte stellen und beide Seiten für ihr kindisches Verhalten beschimpfen. Besser: Lade aus jedem Lager einen deiner Freunde zu dir nach Hause ein und versuche zu vermitteln. Checkt gemeinsam, wo die Probleme liegen, und arbeitet eine Versöhnungsstrategie wie eine große Party aus. Positiv: Wenn sich zwei Streithähne bei dir auf neutralem Boden treffen, fällt es viel leichter, normal miteinander zu reden. Wenn sich der ganze Stress letztendlich in Wohlgefallen aufgelöst hat, gehst du als strahlende Siegerin hervor, ohne mit Worten zu schärferen Waffen gegriffen zu haben.

Mit deinem Schwarm

Deine Knie sind puddingweich und dein
Herz pocht so heftig, dass du glaubst, die
Erde bebt. Der Auslöser für deine heftige
Gefühlsattacke ist dein Schwarm, der endlich vor dir steht und fragt, ob du Lust hast,
ein Eis mit ihm essen zu gehen.
Das hilft dir aus der Patsche: Anstatt vor lauter Schreck Nein zu rufen und wegzulaufen,
musst du nur ein wenig Zeit schinden, um
dich wieder wie ein normaler Mensch zu be-
nehmen und nicht zu wirken, als stündest du
kurz vor der Einweisung in eine geschlossene
Anstalt. Bitte ihn einfach das Date um zwei
Stunden zu verschieben und schlag ihm vor,
dass ihr euch dann im Eiscafé trefft. Das gibt dir
die Möglichkeit, dich in Ruhe vorzubereiten und
deine Amok laufenden Körperfunktionen mit ein
paar Entspannungsübungen wieder auf Standard-
Betrieb herunterzufahren.

Die fiesesten Ego-Killer – oder:
Sätze, die du nie wieder hören willst

Eltern, Lehrer, Freundinnen und Jungs sagen manchmal einfach Dinge, die sie sich wirklich sparen könnten. Weil sie damit deine gute Laune in Sekundenschnelle zunichte machen. Auf diese Ansagen willst du künftig sicher auch verzichten. Deshalb gilt: Einfach aus deinem Erinnerungsvermögen streichen!

* »Die neue Freundin von deinem Ex sieht wirklich süß aus.«

* »Du bist so schlecht gelaunt. Hast du deine Tage?«

* »Das wird teuer.«

* »Hast du zugenommen?«

* »Leider haben nicht alle bestanden.«

* »Echt, er findet Zahnspangen total süß?«

* »Der Film ist erst ab 16. Kann ich bitte deinen Ausweis sehen?«

* »Wechsle doch mal den Friseur.«

* »Ich soll dir ausrichten, dass Schluss ist.«

* »Kann ich mal die Telefonnummer von deiner Freundin haben?«

Die nettesten Ego-Pusher – oder: Sätze, die du gerne öfter hören würdest

Eine freundlich Ansage kann natürlich auch ganz schnell für super Laune sorgen. Hier hört auch das Selbstbewusstsein ganz genau hin. Bitte mehr davon!

❋ »Ich glaube, der süße Typ aus der Nachbarklasse will was von dir.«

❋ »Hast du dich schon mal bei einer Modelagentur beworben?«

❋ »Kind, wir fahren übers Wochenende weg. Du schaffst das doch alleine, oder?«

❋ »Wo kaufst du eigentlich deine tollen Outfits?«

❋ »Kann ich die Adresse von deinem Friseur haben?«

❋ »Die Jeans steht dir super. Hast du abgenommen?«

❋ »Ausverkauf. Alle Artikel zum halben Preis.«

❋ »Sie haben E-Mail erhalten.«

❋ »Sorry, ist das dein Fünf-Euro-Schein?«

❋ »Kann ich dich auf ein Eis einladen?«

PEINLICH, PEINLICH

Es gibt sie einfach, diese Tage, an denen man im Formel-1-Tempo von einem Fettnäpfchen ins nächste rauscht. Oder man weiß einfach nicht, wie man nervige Bitten um eine Gefälligkeit abwimmelt. Kein Wunder, dass vor allem Schlagfertigkeit auf der Skala eines guten Ich-Gefühls ganz oben steht.

Damit es auch dir nicht mehr so schnell die Sprache verschlägt, findest du hier eine kleine Auswahl an frechen Antworten für fiese Situationen.

* Du kommst zu spät in die Schule und dein Lehrer will dich gerade vor der ganzen Klasse runtermachen.
Deine Antwort: »Entschuldigung, aber ich habe gedacht, es ist Samstag. Erst als ich die Tageszeitung aufgeschlagen habe, ist mir der Irrtum bewusst geworden.«

* Dieser Typ, den du gar nicht ausstehen kannst, fragt dich in der Disco, ob du eine Cola mit ihm trinkst.
Deine Antwort: »Gerne. Aber bestell doch gleich noch eine dazu, weil mein Freund jeden Moment da sein müsste.«

* Du hast einen dicken Pickel am Kinn und überklebst ihn mit einem Pflaster. Natürlich will jeder wissen, was sich darunter verbirgt.
Deine Antwort: »Ich bin beim Knutschen auf die Bettkante geknallt und habe mir das Kinn aufgeschlagen.«

✱ Deine kleine Schwester will sich mal wieder dein nagelneues Mountainbike ausleihen. Darauf hast du gar keine Lust.
Deine Antwort: »Hm, geht in Ordnung. Aber schraub bitte das Hinterrad vorher fest.«

✱ Deine Freunde wollen mit dir ins Kino, doch du hast absolut keine Lust auf den Streifen, weil du den Hauptdarsteller nicht ausstehen kannst.
Deine Antwort: »Zu blöd, aber bei uns gab es heute Mittag Kohlsuppe und ich hab totale Blähungen.«

✱ Dein Handy klingelt wie wild, aber du sitzt gerade vor deiner Lieblingssoap und kannst auf keinen Fall verpassen, ob sich das Pärchen nun trennt oder wieder versöhnt. Natürlich kriegst du später, als dich der Anrufer doch noch erreicht, Ärger.
Deine Antwort: »Sorry, aber ich hab auf unsere beiden Nachbarskinder aufgepasst. Die haben mit dem Handy gespielt und auf den Aus-Knopf gedrückt.«

✱ Die arrogante Zicke aus deiner Klasse steht vor deiner Haustür. Wahrscheinlich weil sie mal wieder die Hausaufgaben von dir abschreiben will. Natürlich hast du keine Lust, aufzumachen, und musst ihr das später erklären.
Deine Antwort: »Ich hab Musik gehört. Um die Nachbarn nicht zu stören, natürlich über Kopfhörer. Da habe ich gar nicht mitgekriegt, dass du geklingelt hast.«

DAS DICKE ENDE?

Jetzt kennst du die besten Strategien für ein gesundes Selbstbewusstsein, Feel-good-Tricks und Gute-Laune-Tipps. Dabei wäre es aber schade, die ganz einfachen Erkenntnisse zu vergessen, warum es so schön ist, ein Mädchen zu sein, und warum es sich lohnt, dass du dich einfach gut in deiner Haut fühlst.

Hier sind die besten Argumente für coole Girls

Es ist toll, ein Mädchen zu sein ...

... weil die meisten Intelligenz-Gene auf dem weiblichen X-Chromosom sitzen.

... weil Frauen erwiesenermaßen länger leben als Männer.

... weil wir einmal im Monat eine gute Ausrede haben, um nicht am Sport-unterricht teilneh-men zu müssen.

... weil wir uns die neueste Kuschelrock-CD kaufen können, ohne gleich als Weichei zu gel-ten.

... weil uns keiner für lesbisch hält, nur weil wir mit der besten Freun-din Händchen halten.

... weil wir drei Dinge auf einmal machen können: telefonieren, schminken und fernsehen.

... weil wir Pickel überschminken können.

... weil wir keine Angst haben müssen, wenn die Mutter unseres Schwarms verlangt, dass wir bei ihnen zu Hause die Schuhe aus-ziehen.

... weil unsere Eltern die Handy-Rechnung bezahlen, damit wir immer und überall erreichbar sind.

... weil wir einen Lehrer auch mal mit einem netten Lächeln um den Finger wickeln können.

... weil wir bei einem Liebesfilm hemmungslos weinen können, ohne dass wir schief angeguckt werden.

... weil es Frauenparkplätze, Frauen-Fitnessstudios und Frauenquoten gibt.

... weil wir immer eine gute Ausrede haben, bei unserer besten Freundin zu übernachten: »Damit ich nicht alleine nach Hause gehen muss ...«

Den oder keinen!

Karin Kampwerth
**Schnapp ihn dir –
So fängst du dir deinen
Traumprinzen**
Illustriert von Alexander Weiler
128 Seiten
Taschenbuch
ISBN 978-3-551-35708-3

Nichts ist schöner, als verliebt zu sein! Doch wie
angelt man sich seinen Traumprinzen? Und wie kann
man erkennen, ob sich hinter einem Frosch tatsächlich ein Prinz verbirgt und keine Niete? Hilfe naht: Mit
dem Jungs-TÜV, Ratschlägen für das erste Date, dem
Drei-Stufen-Programm der Liebe und vielen weiteren
heißen Tipps und coolen Tricks. Damit steht der
großen Liebe nichts mehr im Wege.

CARLSEN
www.carlsen.de

Flirtalarm!

K. Kampwerth / N. Streng

**Flirten –
Bis die Funken fliegen**

Illustriert von Alexander Weiler
128 Seiten
Taschenbuch
ISBN 978-3-551-35706-9

Wer kennt das nicht: Man steht vor seinem Schwarm und bringt vor lauter Aufregung kein Wort heraus. Zum Glück kann man Flirten aber lernen! Denn mit der richtigen Flirtstrategie, dem passenden Timing und einigen heißen Tipps und coolen Tricks kann jeder zum Erfolg kommen. Der erste Schritt ist gar nicht so schwer. Probier es aus!

CARLSEN
www.carlsen.de